嫌われた日本

戦時ジャーナリズムの検証

髙島秀之

創成社新書
13

はじめに

雑誌『フォーチュン』は、発行部数八七万、世界一二〇ヶ国で三百万の読者を持つ隔週刊誌で、世界の五百企業「Fortune Global 500」のランキングを発表するなど、ビジネスマンを中心に広く読まれている雑誌である。

取り上げた『フォーチュン』は一九四四年四月の発行である。タイム社は第二次世界大戦勃発直後から戦後の占領政策について、『タイム』『ライフ』『フォーチュン』三誌の編集者に外部の有識者を加えて、社内委員会を設けて検討していた。この小論は、太平洋戦争中『フォーチュン』が日本をどう見ていたのか。それが、占領政策にどのような影響を与えたかを分析したものである。

一九九〇年、NHKのプロデューサーをしていた筆者は、ニューヨークで三井物産勤務の寺島実郎氏（現日本総研理事長）と出会った。彼はニューヨーク工科大学のメディア・ラボを案内して、「大学のラボを人材ごと日本で買わないか。NHKもこれからCGを手掛けるのだから」と切り出した。当時からスケールの大きな発想力を持つ三井マンであった。

ある日、ワシントンの事務所長に転じた彼のオフィスで、筆者は額装されて壁に掛かっていた『フォーチュン』一九三六年九月の日本特集号の表紙を見た。表紙は、拡大しつつある大日本帝国の領土が赤く塗られ、菊の御紋章がアレンジされていた。寺島氏はこの日本特集を分析して『ふたつの「FORTUNE」』という著作にまとめている。「ふたつ」とは一九三六年九月と一九九一年五月の『フォーチュン』の日本特集を比較したもので、本論の主題である一九四四年四月の『フォーチュン』日本特集号も簡単に紹介されている。

一九四四年四月の『フォーチュン』日本特集は、一九八三年に『フォーチュン版「大日本帝国」の研究』として翻訳、出版された。訳者は熊沢安定氏で、巻末には鶴見俊輔氏の解説がある。筆者は原文と比較して、それが『フォーチュン』四四年四月号そのものの翻訳ではなく、その「縮刷版」=改訂ダイジェスト版であり、内容を異にしていることに気付いた。「縮刷版」は四四年四月号を再編集して、八ヶ月後に出版されたもので、版元は大戦中に結成されたNPO組織であった。

『フォーチュン』は一九三〇年代から四〇年代にかけて、都合三回、三六年九月、四四年四月、四四年一二月と再編集された日本特集号を発行している。筆者はこの三つの『フォーチュン』のズレに興味を持った。差し換えられた記事は何か、その理由は？　三つの

『フォーチュン』を読み解くことで、戦時における世論の動向、それを操作しようとする国家体制、それを伝えるジャーナリズムの姿勢が見えるのではなかろうか？

イラク戦争後、イスラム教徒が数多く逮捕され、アラブ系住民に対する殺傷事件や嫌がらせが後を絶たない。これは戦時の『フォーチュン』が日本特集のトップに据えた、六〇年前のアメリカ西海岸における日系人の扱いを連想させた。

二〇〇五年九月、筆者は中国に滞在して、ＣＣＴＶ（中国中央電視台）を見続けた。この国営放送局は一二以上のテレビチャンネルを持つ寡占放送局で、一党独裁政権の世論形成には欠かせないメディアである。

ミズーリ号での降伏調印の日の九月二日は、中国にとっては戦勝記念日であり、二〇〇五年九月はその六〇周年という節目であった。ＣＣＴＶの番組は恐ろしい程の反日キャンペーンに満ちていた。「日本鬼子」という言葉が中国全土を覆った。テレビは中国人民に悪逆非道の限りを尽くす日本兵の姿を流し、その背後には日の丸が翻っていた。

アラブ系住民を収容所に押し込めたアメリカや、反日キャンペーンを繰り返す中国のテレビを見て、筆者は太平洋戦争時に出版された雑誌『フォーチュン』を検証することは、それなりに意味のあることかもしれないと思ったのである。

目次

第一章　『フォーチュン』日本特集号

三つの『フォーチュン』

『フォーチュン』は一九三〇年にタイム社から創刊された。社主ヘンリー・R・ルース（Henry R. Luce）はエール大学在学中に「まず何よりもアメリカの利益が尊重され、地球全体に影響力を持つ存在となり、恵まれない国を救い、世界の平和を掻き乱すものには容赦なく立ち向かうことだ。そうすれば、今世紀アメリカは栄光と名誉を手にするだろう」と書いている。二〇世紀、ルースの予言通りアメリカは栄光と名誉を手にしたのだろうか？

『フォーチュン』が最初に日本特集を組んだのは一九三六年九月である。その頃、アメリカにとって日本はベールに包まれた謎の国であり、神秘に満ちた夢の国であった。その御伽《おとぎ》噺《ばなし》に出て来るような国が、世界最強と言われたバルチック艦隊を葬り去り、有色人種として初めて白人国家に勝利して、列強に伍してアジアの覇権を争う「大日本帝国」となった。

『フォーチュン』1936年9月号表紙

『フォーチュン』1944年4月号表紙

いったい日本で何が起きているのか？　最初の特集は日本を包む謎のベールを剥ぎ取ろうとする試みであった。

「ジャパニーズという言葉ほど急激にその意味を変化させてきた言葉はない」という書出しで始まるこの特集は、単なる雑誌のレポートを越え、日本の歴史や社会構造、日本人のメンタリティや感性までを分析した優れたドキュメンタリーとなっている。たとえば、日本経済について次のような分析がある「安い労働力を背景に、世界のどこよりも安い製品を作り上げる工場。煙突は煙を吐き続けて、低価格を武器に製品を世界に売り捌く。それは日本株式会社からの世界への挑戦のようだ」。ここに初めて「日本株式会社」(Japan Incorporated)という言葉も登場して来る。

一九四四年四月の『フォーチュン』の表紙には、「日本」という文字が墨跡鮮やかに踊る。日本では直ちに発禁処分となった。手元にあるその雑誌は六〇年を経て黄ばみ、触ると崩れてしまいそうだ。戦争末期に刊行されたので紙質が悪いのである。戦前発行の『フォーチュン』は、ページを繰っても崩れることはない。しかし、そのボロボロの『フォーチュン』が戦後の日本の有り様を示していた。少なくとも、そうした問題意識を持ってこの雑誌を読むと、太平洋戦争中のアメリカの対日戦略、勝利を確信した時点における日本に対する戦後処理への提言が見えて来る。発行された一九四四年四月といえば、ドイツの敗北は既に決定的で、連合国軍のターゲットが、日本一国に絞られようとしていた時期である。

この日本特集の発行にあたり、編集長は「戦時であり、紙を節約しなければならないので、発行部数も十分ではない」と詫びてから、次のように述べている。

本誌が日本特集を組むのはこれが二度目である。最初の特集は三六年九月号で、『フォーチュン』は二人の記者を日本に特派した。彼らは七週間日本に滞在したが、取材は制限され、重工業のプラントは取材も写真撮影も禁止された。この日本特集号は天皇を扱った記事が不敬罪にあたる、との理由から、日本では発禁処分となった。アメリカが戦争に突入して以来、当社には政府筋や対日軍事諜報を専攻する学生から、この特集号を手に入れたいというリクエストが殺到した。日本に関する公的情報を流す必要性がかつてないほど高まっていた。それ故、今度の日本特集と前回の特集は、類似した箇所があるのは承知の上で、その上に新情報を発掘して付け加えたものである。

『フォーチュン』一九四四年四月号

もう一つ、四四年四月の『フォーチュン』を再編集して、八ヶ月後に出版された「縮刷版」がある。雑誌『フォーチュン』は大判で三百ページを超え、分厚く重いが、こちらはポケットに入るサイズであり、その裏表紙には次のように記されている。

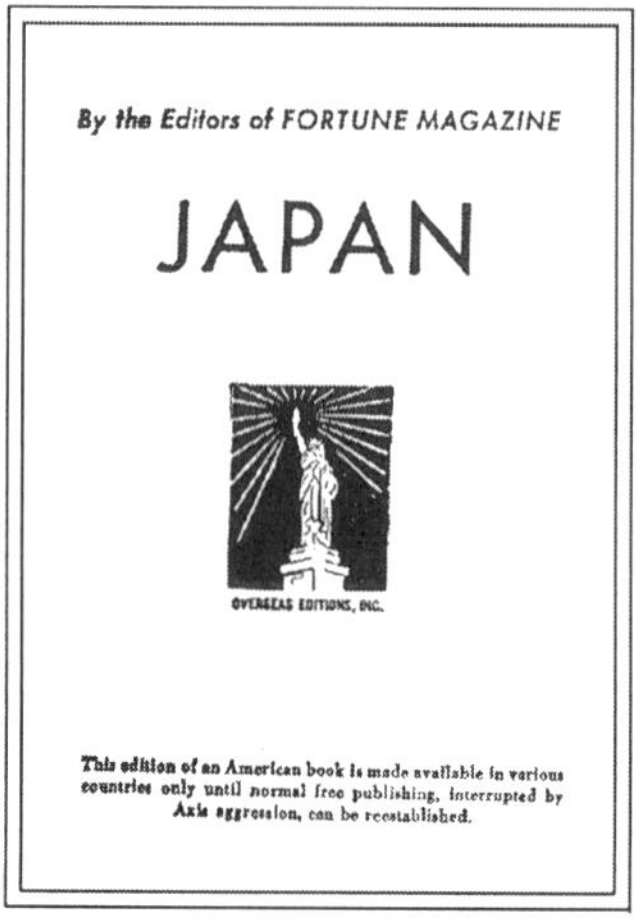

『フォーチュン』1944年12月発行縮刷版

すでにドイツの敗勢は明らかであり、連合軍の総力が日本に向けられようとしている。この日本という極東の敵は、戦時においては小さいくせにタフで、巧妙で、御し難い存在だということは証明済みだ。この本は、そもそも日本人とは何ものなのか、如何に働き、何を考え、何を食べ、どんな楽しみを求めているのか、何を信じ、何を求め、それをどう実現しようとしているかについて、検証したものである。連合国は日本や日本人に関するこれらの事実を戦時のみならず、戦後処理にあたる平和時においても、理解しておかなければならない。

『フォーチュン』一九四四年一二月縮刷版

と『縮刷版』が占領軍を読者と想定し、一九四四年四月の『フォーチュン』を再編集したことを明記している。

『フォーチュン』縮刷版は日本を知るための格好の案内書として、占領軍のポケットにねじ込まれていた。政策などには経験の乏しい連合軍の将校は、この本を参考に占領政策を練ったのである。その「序文」には次のようにある。

今や悪の象徴となっている日本についての考察は無きに等しい。連合諸国は戦場で対峙する敵としてだけでなく、日本と日本人についてもっと知るべきである。日本との駆引きは二〇年や三〇年では終わらない。戦争に勝利して終わるのではなく、これからも戦争をしない国にしておかなければならない。

かつて、日本といえば、遠い、霞の彼方の国であった。人形の家のような、箱庭のような小さな庭と紙の家に、礼儀正しい、慎ましやかな男女が暮らす国であった。その繊細な感覚を持つ国が機械を動かし、船を買い、国際市場に割り込み、周囲をなぎ倒して領土までもかすめ取ろうとしている。連合諸国は、日本が近代戦に半年も耐えられるとは思っていなかった。が、いざ開戦となると、そんな存在ではなかったことを思い知らされた。それを日本兵の根性、残虐さ、忍従性だのと言うだけでは、敵の本性を明らかにしたとは言えない。敵は機械も兵器も使いこなし、連合諸国を研究しているのである。こちらも十分敵を研究すべきである。

『フォーチュン』一九四四年一二月縮刷版

三つの『フォーチュン』は各章にわたって改変が行われた。三六年に「帝国を支配しているのは誰か?」だった章は、四四年には「天皇を操る者は誰か?」へと変わる。次の図は三つの『フォーチュン』における記事の内容の変遷を辿った一覧である。

1936年９月号　日本特集		1944年４月号　日本特集		1944年12月号　縮刷版
大日本帝国 The Japanese Empire	→	日本と日本人 Japan and the Japanese	→	日本 Japan
日本の日の出 Japan's Rising Sun		序　Fortune's Wheel		序　Introduction
		一世、二世、帰米 Issei, Nisei, Kibei		
		我々は何をなすべきか? The Job Before Us		
		神々の道 The Way of the Gods	→	神々の道 The Way of the Gods
帝国を動かすものは？ Who Runs The Empire？	→	天皇を操る者は誰か？ Who Runs The Emperor？	→	天皇を操る者は誰か？ Who Runs The Emperor？
日本の紳士たち Gentlemen of Japan 市民　Citizens 農民　Farmers	→	日本の顔 The Look of Japan 市民生活 The Citizen-Subject 農民　The Farmer	→	市民生活 The Citizen-Subject 真珠湾の記憶 They Remember Pearl Harbor
人 Men 考え方 Their Ideas 生活の方法 The Way They Make a Living	→	平均的日本人 The Control of H. Fujino	→	平均的日本人 The Control of H. Fujino

三誌のタイトルの比較

1936年 9 月号　日本特集	1944年 4 月号　日本特集	1944年12月号　縮刷版
人、円、機械 Men, Yen, Machines 利益と競争 Profits and Competition **産業と商業 Industry and Commerce**	**小さな産業と大戦争 Little Industry, Big War**	**小さな産業と大戦争 Little Industry, Big War**
	戦争への道 Japan's Road to War	戦争への道 Japan's Road to War
日本の歴史 The History of Japan	日本の占領地域 The Geography of Conquest 戦いの時 The Army Had Its Day 日本陸軍 The Japanese Army	日本の占領地域 The Geography of Conquest 戦いの時 The Army Had Its Day
左折禁止 No Left Turn 思想統制の科学 Science of Thought Control	日本の人口 How Many **Japanese**?	ジャップの人口 How Many **Japs**?
	大東亜共栄圏 Asia for The Japanese	**大東亜共栄圏 Asia for The Japanese**
	戦後の対日処理 What to Do with Japan	**戦後の対日処理 What to Do with Japan**
	ジャップがマニラを占領した日 When The Jap Came to Manila	**ジャップがマニラを占領した日 When The Jap Came to Manila**

［網掛け枠］本論で取り扱った章

注：三つの号の目次は関連が分かるように並べ換えてある

三誌のタイトルの比較

第二章　一九四四年の『フォーチュン』編集部

社主ルースは手垢の付いたジャーナリストを嫌い、フレッシュな感性の記者を『フォーチュン』の編集スタッフに迎えた。編集や執筆に加わった人々を列挙すると、ローズヴェルト大統領のブレーンとなるアーチボルド・マクリーシュ（Archibald MacLeish）、『すでに起こった未来』のピーター・F・ドラッカー（Peter F. Drucker）、『豊かな社会』の著者でケネディ大統領のブレーンとなるジョン・K・ガルブレイス（John K. Galbraith）、『脱工業化社会の到来』のダニエル・ベル（Daniel Bell）、『第三の波』のアルビン・トフラー（Alvin Toffler）などが並ぶ。

記者ガルブレイスと社主ルース

私は記者として編集部に参加することになった。短期間ではあったがエキサイティングなジャーナリスト暮しが始まった。文章を書いて生活をするのは私にとって初めての経験である。その修業の場所として『フォーチュン』の編集部は最高の場所だった。『フォーチュン』は文章が素晴らしい雑誌の一つと評価されていたからだ。幹部は保守的な考え方の人が多かったが、記者にはリベラル派、社会主義者など様々な考えの持ち主がいた。ただ、良い記事さえ書いてくれれば思想は問わないという雰囲気が編集部内にはあった。文章をうまく書くこつを教えてくれたのはルースという編集者だ。私の原稿を見ながら鉛筆で無駄な言葉をそぎ落としていく。それでも言いたかったことは残り、分かり易くなった。ルースに会って以来、私はいつも彼が肩越しに自分の文章を見ている気持ちになって草稿を読み直すようになった。

ジョン・K・ガルブレイス「私の履歴書」―『日本経済新聞』

原稿をチェックした編集者のルースとはタイム社の社主で、社内では「ハリー」と呼ばれていた。ルースは週刊誌『タイム』（一九二三年）、月刊誌『フォーチュン』（一九三〇年）、グラフ週刊誌『ライフ』（一九三六年）を矢継ぎ早に創刊し、四四年にはそのすべてを統括する立場にあった。

社主がどうして編集スタッフに加わっていたのか？『フォーチュン』はルースの独創による最初の雑誌であり、一番愛着を持っていた雑誌だった。ルースは書き手と編集者の壁を取り払い、テーマごとに取材、執筆、編集までを一貫して担当する「エディトリアル・スタッフ」制度を作り上げ、取材者が最後まで責任を持ってテーマを掘り下げるシステムを確立した。働き盛りで血の気の多いルースは、自ら編集の現場に入り込み、原稿や写真に目を通していた。エネルギッシュなルースが赤鉛筆で原稿に手を入れている脇で、ガルブレイスが長身を折り曲げて神妙にしている姿が彷彿とする。ルースにとってガルブレイスはまだ駆出しの記者に過ぎなかった。

若干二五歳で、エール大学時代の友人ブライトン・ハッデン（Briton Hadden）とタイム社を創設したルースは、アメリカのジャーナリズム史の中でも特異な存在である。彼はジャーナリストという以上に、オピニオン・リーダーの役割を長年にわたって果たし、政府の政策にも大きな影響を与えた。

一九二三年三月、ルースとハッデンは週刊誌『タイム』を創刊する。最初の発行部数は一万二千であった。その創刊趣意書に「ニュースの中立を守るのは不可能であり、編集者がニュースに対してある種の偏見を持つことを恐れてはならない」とある。『タイム』のこの挑戦的な論調は支持され、五年後には部数は二〇万を超えた。この頃、後に大統領となるローズヴェルトが『タイム』の論調を非難した手紙が残っている。『タイム』は偏向していて、事実を伝えていないというものである。

一九二九年、ハッデンが急死すると、ルースは独りでタイム社を背負うことになった。大恐慌の嵐が吹き荒れ、世界経済の崩壊を目撃したルースは、一九三〇年、経済専門誌『フォーチュン』を創刊した。企業のトップをターゲットに、紙質も極上のものを使い、グラフィックスを重視した狙いは適中し、一ドルという破格の値段にもかかわらず雑誌は売れた。定期購読者の半数以上は大企業の経営者であった。ルースはアメリカ経済界に影響を持つメディアを得たのである。後にガルブレイスはルースについて「彼は古い意味での帝国主義者ではなかったが、アメリカが他の国々に君臨することを望んでいた。特に彼の雑誌が世界に影響を与えることを望んでいた。彼は彼の雑誌と会社を道具のように使い、アメリカの世紀を実現することを図っていた」と語っている。

ルースの生立ちを辿ってみよう。一八九八年に中国山東省逢莱で、長老派教会の伝道師の子として生まれた。高校に入るために帰米するまでの少年期を中国で過ごした。ルースが中国を去った翌年、日本軍が山東半島に上陸し、青島を占領するとそのまま居座り、対華二一カ条の要求を突き付け、中国への強圧的姿勢を強めてゆく。中国の貧困を目の当りにしたルース少年にとって、日本は中国の近代化の前に立ちはだかる大きな壁に見えた。日本を中国への侵略者とみなし、アメリカを世界平和の安定に寄与する国とする。これが原体験から生まれたルースの姿勢だった。

一九三六年の『フォーチュン』日本特集発刊の翌年、日中戦争が勃発する。ルースは全社

『ライフ』1937年8月28日号から
H.S. ウォン撮影
日本軍の上海南駅の爆撃で「泣き叫ぶ孤児」

を挙げて反日キャンペーンに乗り出した。『フォーチュン』、『タイム』、それに新しく加わった写真週刊誌『ライフ』は、日本の侵略行為を詳細に報道した。『ライフ』が掲載した、空爆で両親を失い独り泣き叫ぶ中国人孤児の写真は、全米に衝撃を与えた。

ルースは蒋介石の妻の宋美齢をアメリカに招き、中国支持のキャンペーンを展開する。『タイム』の最高経営責任者であったアンドリュー・ハイスケル（Andrew Heiskell）は**「ルースは、宋美齢こそ中国の広告塔だと考えていた。事実、彼女はその通り魅力的な女性だった」**と語っている。美しく魅力に満ちたファーストレディは連邦議会で演説し、市民の心をとらえて、莫大な寄付金を手に入れたのである。ルースは蒋介石の駐米大使のような役割を演じていた。

三人の日本人アーティスト

一九四四年四月号の編集には、三人の日本人画家がかかわっている。タロー・ヤシマ、ヤスオ・クニヨシ、ミネ・オオクボである。『フォーチュン』の編集長は次のように紹介している。

本誌の素描は日系人の画家の手になるもので、中でも主要なものはヤスオ・クニヨシの作品であり、クニヨシは日本軍の残忍性を怒りを込めて描いている。「一世、二世、帰米」の章のイラストはミネ・オオクボによって描かれたもので、四二年に日系人が隔離収容所に入れられた時、彼女はユタ州のトパーズ収容所に送られた。表紙はタロー・ヤシマの手になるもので、彼は日本では危険思想の持ち主として投獄され拷問にあった後、アメリカに逃れて来たというキャリアの持ち主である。

『フォーチュン』一九四四年四月号

三人の足跡を辿ると、アメリカ社会を生きた日本人の軌跡を見ることができる。

「カメラを持つ自画像」1924年
（メトロポリタン美術館）

国吉康雄（一八八九～一九五三）

国吉康雄は三人の中では一番よく知られた画家である。二〇〇四年四月、没後五〇年の回顧展が日本の国立近代美術館で開かれた。代表作が網羅され、アメリカ近代美術の巨匠クニヨシを彷彿させる回顧展であった。が、『フォーチュン』に掲載された「日本軍の残忍性を怒りを込めて描いた」素描の展示はなかった。

国吉とアメリカ戦時情報局（ＯＷＩ）との間に交わされた一五通の手紙が残っている。それによれば、ＯＷＩは国吉に「敵である日本人を描くことを求め、具体的には残忍な拷問や虐殺の場面を指定した」という。国吉はその一つとして左の素描を描いた。「情報局に提出して採用されなかった素描の中には、空中に放り上げた赤ん坊を銃剣で突き刺す日本兵、女性の死体

国吉康雄　「赤子を銃で突き殺す日本兵」
『フォーチュン』の素描画から

に突き立てた拳銃に日の丸が翻っている、といった残忍でただ不快感を覚えさせるものがあるが、これは幸いにも情報局には採用されなかった」（山口泰二『アメリカ美術と国吉康雄』）ようだ。『フォーチュン』に掲載された「赤子を銃で突き殺す日本兵」は情報局で没にされたものを流用したものと思われる。

『フォーチュン』の編集に参画した時、国吉はすでにアメリカを代表する画家であった。二九年には、ニューヨーク近代美術館での「一九人の現代アメリカ画家展」の一人に選ばれ、三六年までの一五年間、「サロンズ・オブ・アメリカ」の代表を務め、アメリカ・モダニズムの美術家を多数輩出していた母校アート・ステューデント・リーグの教授にも迎えられていた。

四二年、ダウンタウン画廊で開かれた国吉回顧展は一二五セントの入場料を取り、それをルースが主宰する「中国救済連合」に寄付している。ルースと国吉にはこうした接点があった。回顧展の初日、国吉は『ヘラルド・トリビューン』のインタビューに答え、「東京を空爆せよ」とも主張した。

四二年二月の日本向け短波放送では、「パールハーバーのあなた方の恥ずべき攻撃がアメリカ国民の怒りを惹起させた。日本の軍閥は人類の敵であり脅迫者である。我々は美術家として、人間として、アメリカの国家防衛を支持する」と訴えている。さらに西海岸の民主主義日系人委員会でも講演し、「日本人のみで殻に閉じこもり、日本語で話し、日本語新聞を読み、母国政府の思惑で共同体社会を作っている日本人社会は、アメリカに同化できない。民主主義の戦いに共鳴する態度を取るべきだ」とも訴えている。

四二年四月に美術学校で開かれたパーティでは、ドイツからの亡命画家ジョージ・グロスがヒトラーを、イタリアの画家ジョン・コルビーノがムッソリーニを、国吉が昭和天皇を描くという余興を演じ、それぞれが絵の前に立つ姿が『タイム』に掲載されている。

パールハーバー以後、国吉の取った矢継ぎ早の行動、戦時情報局への協力、東京空爆の主張、対日プロパガンダ放送、西海岸で孤立する日系人社会を批判したスピーチ、『フォーチュン』に掲載された日本軍の残忍性を描いた素描画などは、いささか常軌を逸しているように見える。しかし、そう決め付ける前に、こうした行動に駆り立てた状況や彼の心情についても思いを致すべきである。

国吉は、自らを合衆国を代表するアーティストとして認めてくれたアメリカを愛していた。アメリカ人に成りきりたいとも願っていた。だが、法律が彼をアメリカ人とすることを拒んだ。アメリカを代表するアーティストでありながら、「敵性外国人」であり、彼の愛する国家から「敵」とみなされていた。国吉は「アメリカに対する忠誠」を証明する必要があったのである。

国吉のアメリカでの足跡を振り返ってみよう。単身アメリカの土を初めて踏んだのは、一九〇六年七月。岡山県立工業学校を二年で退学し、一七歳で渡米した。

ロサンジェルス郊外で葡萄の収穫に従事するかたわら、公立学校に通った。それは、多くの一世が辿った道でもあった。年齢を若く偽って入学した学校は、授業料なしで英語を学習するのに好都合だった。英語の話せない国吉は意志の疎通を図るために絵を描いた。その絵の上手さに舌を巻いた教師が画家になることを奨めた。国吉はロスのスクール・オブ・デザインの夜間部に入学し、絵の勉強を始めた。一九一〇年ニューヨークに移り、アート・ステューデント・リーグに入る。そこで進歩的芸術家と交わった。国吉はリーグで認められていたようだ。貧乏な彼は学費を免除され、アメリカを代表する画家となっていった。『フォーチュン』の編集に加わるのはその時期であった。

八島太郎（一九〇八〜一九九四）

『フォーチュン』四四年四月号の表紙を描いたのは八島太郎である。『フォーチュン』の説明では「タロー・ヤシマは合衆国における最高の書家の一人であり、彼の時事漫画は日本では危険思想として有罪扱いされ、一〇回も投獄され、拷問にも遭っている。一九三九年にアメリカに渡り、『新しい太陽』を出版した。それは日本のアンチ・ファシストに何が起きているのかを綴ったものである」とある。

八島太郎は、八島＝日本、太郎＝男児というペンネームで、本名は岩松淳である。一九〇八年、大隅半島の根占（ねじめ）村に薩摩藩郷士の末裔として生まれた。少年期を鹿児島で過ごした後、画家を志し、東京美術学校（現東京芸術大学美術学部）に入学するが、プロレタリア運動に走り、放校（除名）される。宮本百合子と親しく付き合ったり、小林多喜二のデスマスクを描いたりもしているが、共産党員ではなかった。その諷刺マンガは左翼ジャーナリズムから一定の評価を受けていた。官憲に何度も投獄され、同じ志を持つ画家志願の光子と結婚。光子は妊娠中に獄で拷問を受け、脊椎を傷めながらも男児を出産した。その子が俳優マコ・イワマツである。マコは戦後両親に招かれてアメリカに渡り国籍を取得、軍隊に入った後、凛々しいマスクを持つ俳優として活躍している。

八島太郎というペンネームを使った理由は、戦時中に日本に残した息子がスパイの子として迫害されることを恐れたからだと、後に述懐している。

太郎は光子と結婚する以前に、別の女性との間に一人の男児をもうけている。その子が『逆転』で大宅壮一ノンフィクション賞を得た伊佐千尋氏である。

官憲の締付けで、思うように芸術活動のできない太郎は、神戸の光子の生家に身を寄せて、画塾を開く。光子の父親はこうした二人の生き方を認めていたのだろう。彼らをアメリカへと脱出させた。息子マコを日本に残したまま、八島夫妻はニューヨークへ出帆し、イーストリバーの貧民街に転がり込み、絵の勉強を始める。安アパートの一室で貧乏暮しに耐えながら、太郎は日本での夫婦の受難の物語『新しい太陽』を絵入りで制作した。四三年一一月に出版された『新しい太陽』は、太郎のヒューマニズムが躍如としており、各紙から「日本人にもまともな人間がいる」「日本人は複雑で不可解という定説を覆した」と絶賛された。これが転機となり、名の知れた太郎の許にはファンレターや講演依頼が舞い込み、放送局が彼の半生をラジオドラマ化した。太郎が『フォーチュン』にかかわったのはこの時期である。

その後、太郎は大統領直属機関であるＯＳＳ（戦略事務局＝Office of Strategic Services）

という諜報機関で働くことになる。ＯＳＳは中央情報局（ＣＩＡ）の前身で、ＯＷＩ（戦時情報局＝Office of War Information）とＯＳＳの違いは情報と諜報である。ＯＷＩが前線の敵兵や敵本土に向かって放送や文書で公然と働き掛けるのに対して、ＯＳＳは秘かに敵に浸透して、内部撹乱を起こす戦法を採る。太郎はそこで日本兵向けの宣伝ビラを作る。ビラには故郷の山河や田畑で帰りを待つ母子の絵に、「死ぬばかりが人間の道ではない。死ぬな！　耐えろ！　機会を待て！」あるいは「敵は誰だ。軍部ではないか！」という文字が添えられていた。

ミネ・オオクボ（一九一二〜二〇〇一）

四四年四月の「一世、二世、帰米」という章には、ミネ・オオクボのイラストが使われている。彼女は国吉や八島と異なり、アメリカ国籍を持つ二世である。

ミネ・オオクボは一九一二年、カリフォルニア州に生まれた。父は一世であり、職業は庭師であった。母は日本の美術学校を卒業してから渡米して結婚、ミネを含めて七人の子を産んでいる。この母の勧めでミネは好きな美術を専攻し、三六年にカリフォルニア大学バークレー校で美術修士号を取得している。三八年には奨学金を得てヨーロッパに留学したが、第二次世界大戦の勃発で帰米を余儀なくされた。帰国後、サンフランシスコ美術館において、四〇年、四一年と二回にわたり個展を開き、美術家として順調なスタートを切っていた。

ミネ・オオクボ（1912～2001）収容所で描いた自画像
後ろの落書きは「ジャップはジャップだ」
「ジャップに気をつけろ」、「ジャップはいらない」などと読める
『フォーチュン』1944年4月号

四一年二月一九日「大統領令９０６６号」が発令され、西海岸における日系人の立ち退きと強制収容が始まると、彼女の生活は一変する。母は開戦直前に亡くなり、父はモンタナ州、姉はワイオミング州に収容され、兄は徴用されて出征し、オオクボ家は離散する。ミネには「１３６６０号」という認識番号が交付され、タンフォランの集合センターに収容された。もっとも、彼女はすでに画家として認められており、収容を避けて東部への移住を選択することもできたが、彼女は独り見知らぬ東部へ行くことを躊躇《ためら》い、タンフォランを選んだ。そこで、彼女は大学時代の恩師であるチウラ・オバタと出会う。オバタは集合センター内で美術学校を経営していて、ミネは

インストラクターとしてその学校を手伝っている。生徒数は六百人程で、人気のある先生であった。その後、トパーズの転住センターに移った彼女は、『トレック』という小雑誌に収容所生活を描いたペン画のスケッチを載せる。それが収容所をレポートしようとしていた『フォーチュン』の編集者の眼にとまり、ニューヨークへと呼び出されたのである。

四二年、日系人が収容された時、ミネ・オオクボもユタ州の砂漠にあるトパーズ収容所に送られ、一六ヵ月を過ごした。そこで彼女は収容所で発行された手製の雑誌『トレック』のアート・スタッフになる。その『トレック』を『フォーチュン』のアート・エディター達が見つけ出した。ミネ・オオクボは最初、ヨーロッパやアメリカの友人に宛てて絵葉書を書いていたが、それはユーモアと辛辣さを伴った観察力に溢れ、また、客観性もあり、『フォーチュン』の目的に適っていた。彼女はスタッフからの誘いで収容所を抜け出し、二三五枚の画を携えてニューヨークにやって来た。

『フォーチュン』一九四四年四月号

『フォーチュン』の招きで、自分の描いたスケッチを抱えたミネ・オオクボは、晴れて「ジ・アウトサイド」（出所を許可された者を収容所ではそう呼んだ）として、トパーズの収容所からニューヨークへと向かった。

第三章　一世、二世、帰米

映画『ゴッドファーザー』は、イタリア系三世のフランシス・F・コッポラ監督作品である。マフィアの裏に隠されたもう一つのテーマは、国家のマイノリティに対する暴虐である。イタリア系移民ですらそうであるとすれば、アジア系移民に対するそれはいかばかりなものであったろうか？

三六年九月の日本特集にはなくて、四四年四月号にトップで大きく扱われたのが、日系人の強制収容を扱った「一世、二世、帰米」という章である。真珠湾攻撃以後、西海岸に住む日系人は、アメリカ市民であるか否かを問わず、財産を没収されて収容所送りとなった。日系二世部隊がヨーロッパ戦線で勇敢に戦い、全滅の危機にあったテキサス大隊を救出する武勲を立てていたにもかかわらず、家族は鉄条網の中に置かれ、終戦近くまで解放されることはなかった。四四年四月号『フォーチュン』は収容所の実態を報道し、アメリカ政府の犯した過ちとして日系人の強制収容を非難している。そして、占領目的で出版された『縮刷版』

からは、この章は姿を消す。

日系移民排斥とジャーナリズム

『フォーチュン』の記事に入る前に、日系移民排斥の歴史を簡単に辿っておこう。

日系移民の流入は明治二〇年代から始まり、大正一三年の日本人の新規移民を禁じた「移民に関する連邦法案」が議会を通過するまで絶え間なく続いた。その時期の移民が「一世」である。多くが農村の出で、学歴は小学校か高等小学校卒業であった。一世はカリフォルニアやハワイで農業従事者として働くか、日系人に雇われたり、自営の小規模店を経営して生計を立てるなど、相互依存の傾向が強かった。

一九世紀末、アジアから最初に移住した中国人を排斥する法律が次々と成立し、中国人が追放され、その代替要員として日系人が求められ移住が本格化する。先住のヨーロッパ系移民にとって、勤勉な中国人労働者は職を奪う危険な存在であった。また、自分たちだけで群れる黄色人種は、白人にとって無気味な存在であった。チャイナタウンは襲撃され、中国人へのリンチや虐殺が繰り返された。こうして追放された中国系移民の穴を埋める労働力として日本人は歓迎された。が、それも長くは続かなかった。日本人も勤勉であり過ぎ、自分たちだけで群れたからである。一九〇七年（明治四〇年）の紳士協定により、日本政府は自主的に日系人の移住を制限する措置を取った。それにより、一九〇八年から一三年に入植した日系移民の数は、それまでの三分の一に激減した。一九一〇年、『サンフランシスコ・クロニクル』は「日系労働者がアメリカの市民権とか、産業の開発で先んじようとする野心を抑えることができたら、おそらく一般大衆の注意を喚起することもなかったであろう。日系人の野心は単なる従属状態を越えて、アメリカ人労働者の上流階級にまで達し、彼らと同じような家を持つことであった。それが実現した瞬間に日系人は理想的な労働者ではなくなる」という記事を掲載している。ヨーロッパ系の先住民が望んでいた日系人とは、汚い仕事を安い給料でこなす下級労働者であった。しかし、日系人は下級労働者から、経済的コンペティターの地位にまでのし上がり、その背後にはバルチック艦隊を海の藻屑と葬り去った強大な軍事力も見え隠れしていた。カリフォルニアの有力紙『サクラメント・ビー』は一九一〇年、「ジャップというのは、ずる賢いやつだよ。ジャップは嫌だね。白人より文明の程度は低いし、我々と同等には絶対なれない。やつらには節操がない。ジャップを信じる者は誰もいない」と書いている。取るに足らぬ記事であるが、嫌悪感が露骨である。

一九一三年、カリフォルニア州で外国人土地法が成立する。これによって、日系人は最高三年間しか農地を賃借することができず、すでに所有していた土地も相続ができなくなった。この土地法は日系人を農業から閉め出すことを目的としていた。立法の裏には、土地を取得できなければ、日本から移民が大勢やって来ることもなかろう。活動の機会を制限すれば彼らはいなくなるだろう、という計算があった。ところが、第一次世界大戦の勃発で農産物への需要が高まり、アメリカはこれまで以上に農業従事者を必要とし、それを同盟国日本に頼った。その結果、日系人の多くが農園を持つまでに至った。

第一次世界大戦が終わると、また反日系人感情に火が付く。一九二〇年には外国人土地法がまた改正され、今度は農地を賃借する権利を日系人から奪った。一世たちは市民権を取得できず、土地所有や賃借の権利を拒否され、絶え間のない迫害の中で、苦労して貯えた資金を農地に投資することを躊躇った。しかし、それでも日系人は農業にしがみついていた。農業の他にも雑貨を扱う小さな店やクリーニング店、理髪業、ドラッグ、食堂やコーヒーショップなど日本人相手の店を経営し、そこは日系人の溜り場ともなった。周囲の日系人排斥運動が拡大するほど、逆に集団の連帯は強固なものとなっていった。

もう一つ日系人に適した職業に庭師があった。芝の手入れ、生け垣の刈込み、草花の植付けは熟練した技術を要し、給料も高かった。こうした職業に従事しつつ、一世は自分の子どもに教育を受けさせ、より高いステータスを求めようとした。

二世の多くは一九一〇年代から四〇年までの間に生まれている。アメリカで生まれた者には市民権が与えられるので、二世は皆市民権を得ており、義務として兵役にも従事した。二世の多くは正規の学校を終えてから日本語学校に通い、日本語や日本的な倫理観、道徳律を身に付けた。
一九二四年、各国からの移住者数を規制する連邦法が可決された。この法案の目的は、アジアからの移民すべてを締め出すことであったが、中国人の移住はすでに禁じられていたので、「市民権賦与の適格性を有しない外国人を排除し」という条項は、日系人の締出しを意味していた。

黄禍（イエロー・ペリル）

日系人を目の敵にして攻撃したのがハースト系新聞である。この新聞を経営していたハースト（William Randolph Hearst）は大の日本嫌いであった。一九一六年にハーストが製作した映画『パトリア』は、『ニューヨーク・テレグラフ』の映画評によれば、「**ハーストの方針に従ったあからさまな反メキシコ、反日本**」映画であった。愛国心に満ちた兵器工場を経営する一家に、日本とメキシコのスパイが潜入し、作業員を扇動してストライキを起こそうと企てる。恐ろしい程の差別と偏見に満ちていた。一九一七年、対独宣戦布告をしていた日本とアメリカが同盟を結ぶと、政府筋は同盟国日本を意識して、この映画の反日イメージが露骨な部分のカットを要求している。

ハーストは真珠湾攻撃を自紙の勢力拡張の好機と見た。四万人の従業員を抱え、全米にネットを張る彼の新聞、雑誌、ラジオ局のすべてが「ジャップ憎し」と吠えたのである。「黄禍」「チビの汚いジャップ」は新聞の発行部数を伸ばす上での格好なキャンペーンとなった。

四二年一月二九日には、「私はすべての日系人を直ちに西海岸から内陸の奥深く移動させたい。彼らを困らせ、傷つけ、餓えさせればよいのだ」という記事を掲載している。ハースト系新聞は日系人すべての移動を主張することによって、さらに多くの読者を獲得していった。

キャンペーンはハースト系新聞にとどまらなかった。一九四二年五月九日の『サタデー・イブニング・ポスト』紙は、「明日にでも日系人がどこかに移されたとしても、我々はいっこうに困らない。と言うのも、日系人が栽培しているものすべてを白人の農民が受け継いで収穫することができるからで、戦争が終っても帰って来てほしくない」と書いている。

『フォーチュン』の報道姿勢

四四年四月の『フォーチュン』は、日系人戦時隔離収容所の実態を初めて全米に伝え、「アメリカ史上最大の強制移住である」としてそれを非難した。記事は一連の黄禍キャンペーンとは異なり、日系人といってもその三分の二はアメリカの市民権を持っていて、政府の日系人強制移住政策は憲法違反の疑いがあり、歴史上汚点を残すことになりかねないと指摘する冷静さを保っていた。

以下、四四年四月号『フォーチュン』の「一世、二世、帰米」の章を抜粋して紹介する。

バターン収容所でのアメリカ人捕虜に対する残虐行動が暴露されると、反日感情はパールハーバーの時よりさらに激しくなった。アメリカ人はバターン収容所の恐怖を合衆国における保護収容施設の日本人の扱いと対比していた。そこでは一日三度の食事が与えられ、棍棒で殴られたり蹴られたり、暴行を加えられることもない。

一方、日本が極東全域において、アメリカが日系人を保護収容したという事実を執拗かつ巧みに利用し続けていることはあまり知られていない。このプロパガンダは日系人が強制収容されたことが中心であり、収容された人々がどう扱われているかは問題にしていない。日本は極東の海外ラジオ視聴者に対し、合衆国が大半はアメリカ国籍を持つ一〇万人を超える日系人を強制収容した事実を再三指摘し、不当な人種差別がまた増えたと喧伝している。敵はすべての東洋人に「太平洋戦争は白人による人種的抑圧に対する聖戦である」ことを納得させるために、合衆国での黒人、メキシコ人、日系人というマイノリティに対する差別を鋭く指摘している。一方、連邦政府が苦心して考え出した日系人に対する扱い方の差異については、故意に説明を控えている。そして、総人口の〇・一％のマイノリティである日系人に何が起きているかを報ずる日本からのラジオ放送により、アメリカ人自身も混乱させられているのが実情である。

一九四一年一二月、西海岸に点在していた日本人社会は極度に緊張していた。防衛上、西海岸の長い海岸線は丸裸に近かった。港には日本人の漁業基地があり、軍需工場に接して日本人の経営する農場があり、大都市の中心にはリトルトーキョーという日本人居住区があった。その日本人社会の中には、スパイの疑いを掛けられた者がいて、サボタージュをするのではないかという風評も立った。しかし、カリフォルニアの住民は平静を保ち、問題の解決は政府に任すように勧告されていた。最初の二週間で、司法省は千五百人の容疑者を摘発した。その数週間後、すべての日系人はロサンジェルス港のターミナル島のような戦略上の重要拠点から排除、移動させられた。FBIが容疑者を摘発している間も、行政当局には市民から密告が寄せられていた。ワーレン司法長官（現州知事）は四二年二月二一日に「開戦以来、日系人によるいかなるサボタージュもスパイ活動もなかった」との声明を出したが、それまでは日本の空軍や海軍の洋上作戦やハワイでのスパイ活動についての流言蜚語やヒステリックな噂が広がっていた。

アメリカ在郷軍人会は一九一九年の創設以来、毎年欠かさず日系アメリカ人を排斥する決議を行ってきた。カリフォルニア農協には、野菜を低いコストで栽培している日系人を排除し、競争相手を蹴落としたいという理由があった。都市ではリトルトーキョーが大きくなるにつれ、日系人はかなりの商売を始めていた。農業者、在郷軍人、西部の土着の人々、政治家たちは日系人を憎み憤っていた。立法の記録と新聞記事を見れば、多年に渉って日系人への敵意が醸成されて来たことが判る。そして、太平洋戦争が敵意を恐怖に変え、カリフォルニアが数十年の間望んでいた日系人を排除することを可能にした。

一九四二年二月初め、ハースト紙とその支持者である圧力団体は、州を敵から護り、フィリピン人やその他の近隣者からマイノリティに加えられる暴力から護るという口実で、日系人の追立てを声高に要求し始めた。事実、二、三の暴力沙汰は起きていたし、スパイの噂話が沿岸で広がったりもした。

二月一三日　太平洋沿岸議員団はローズヴェルト大統領に対して、日系人排除の許可を要請し、一週間後、大統領はその権限を軍に与えた。

二月二三日　日本の潜水艦がサンタ・バーバラに近い海岸を砲撃。

三月　二日　陸軍中将ジョン・L・デウィットは、アメリカ市民であるかを問わず日本人すべてをカリフォルニア州の大部分、オレゴン州の西部、ワシントン州、アリゾナ州南部から移動させる命令を発した。

それは結果的にはアメリカ史上最大の強制移住となったのである。

日系人は政府に対する不信感を募らせながら、混乱の中で慌しく身の廻りの始末をした。家や土地、トラクターや車を売ったり、倉庫に保管したり貸したりした。その財産上の損失は計り知れない。

軍は二八日間のうちに、一五の「集合センター」内に一一万人の一時的に収容するバラックを作った。「エバキュエ」(抑留者)たちは混雑したバラックの中で、藁のマットレスを作って自分の居場所を確保し、新しい生活に適応しようとした。

八月一〇日までに、精神病院やその他の保護施設にある者を除くすべての日系人は、WRA(戦時移住局)が内陸に収容所を設立するまでの間、この「保護収容施設」に押し込められた。

西海岸に住む日系人は失った土地や家、財産、それに奪われた自由について憤りを感じていた。ドイツやイタリア系の二世は拘禁されることはなかったし、西海岸以外の日系二世は塀の中に入れられることはなかった。そこではFBIが怪しいと睨んだ日系人だけが拘禁された。

拘束に対する「エバキュエ」の憤りは大きかったが、暴動化することはまずなかった。情緒面での緊張感は、追い立てられ、混雑した群れでの暮しを考えれば、それは仕方がないと言うべきだろう。日系人の抑制の効いた行動はむしろ驚くべきものと言って良いだろう。秩序を維持するために、軍隊がＷＲＡの塀の中に入ったことは二度しかなかった。

最初、禁止区域に住んでいる一一万の人々のアメリカ大陸内での移住は自由意志によるものであった。日系アメリカ人は単にここから出て行けと言われただけであった。三週間以内に八千人が荷造りをし、店を畳み、近隣の人々に所持品を売るか、譲り渡して、東部へと向かった。だが、アリゾナ州では、州境で阻まれ、カンサス州では警備隊によって止められてしまった。ネバダ州とワイオミング州は、カリフォルニア州にとって非常に危険と見做《みな》された人々を受け入れることはできないと抗議した。約四千人はコロラド州とユタ州まで行った。こうしたバラバラな移住は混乱を拡大する結果となり、四二年五月二九日で、自由意志による移住は禁じられた。

陸軍中将ジョン・Ｌ・デウィットは三月二日命令を発し、日系人をカリフォルニア州の大部分、オレゴン州の西部、ワシントン州、アリゾナ州南部から移動させることにした。それは結果的にアメリカ史上最大の強制移住となった。

転住センターは荒れ果てた砂漠の中にあった。そこでは人が到着する度に、タールで葺かれた急ごしらえのバラックが建てられ、有刺鉄線のフェンスが張られた。四二年一一月までに、すべての「エバキュエ」はわずかな所持品を梱包し、牛馬のような扱いで列車に詰め込まれ、収容者でごった返すバラックへ送り込まれ、兵士に監視された。

『フォーチュン』一九四四年四月号

日系二世でその研究者でもあるハリー・H・L・キタノ博士は、当時まだ高校生だったが、トパーズの収容所に送られた体験についてこう書いている。

トパーズでの抑留第二日目に、若者によくある限界を知りたいという試みから、高校生の友人と有刺鉄線の境界を越えてみた。鉄条網の破れたところから五〇ヤード歩いて出たところで、銃の引き金に手をかけた憲兵に取り囲まれ、尋問され、名前を記録され、警告を受けた上、ジープに乗せられて収容所に連れ戻された。それは恐ろしいぞっとする程の経験であった。柵を越えた抑留者を憲兵が実際に射殺した例もあった。

一部では衝突が起こった。サンタ・アニタの集合センターでのこと、抑留者の中に警官の一団がいて、抑留者の持ち物を私用に供するために没収しているという噂に反応して騒ぎが起こった。抑留されている者とアメリカ政府を代表する役人が対決している間、「殺せ！」

とか「犬！」といった叫び声が上がり、二千人もの日系人群集の中の若者は荒れ狂い走り回った。この事件は二百人の憲兵の介入と軍法の適用、治安強化によって収拾された。

ハリー・H・L・キタノ『アメリカのなかの日本人』

ミネ・オオクボは収容所のイラストを描くだけでなく、所内の暮しについても『フォーチュン』に情報を提供していた。彼女もキタノ少年が目撃したこの射殺事件を見ていたに違いないが、これを『フォーチュン』にリークできない事情があった。

収容所内では、「エバキュエ」を対象とした新聞や雑誌が発行されていた。しかし、彼らの言論は厳しく制約されていた。収容所規則は「日本語によるいかなる種類のニュース出版物も発行されない」としている。さらに、「エバキュエ」の外部の出版物への投稿や寄稿も阻止しようとした。

水野剛也「日系アメリカ人仮収容所における新聞検閲」―『マス・コミュニケーション研究61』

このような検閲制度がある限り、ミネ・オオクボが日系人脱走者が警備兵に射殺されたのを見たとしても、それをセンター内の雑誌や収容所の外に報告することは不可能であったろ

ミネ・オオクボは、監視兵に絵の内容をチェックされるのを防ぐために、自ら「伝染病につき隔離中」という札をぶら下げて仕事をしていた。再び、『フォーチュン』に戻ろう。

WRAは「危険なジャップ」を野放しにしていると非難され続けてきた。ハースト系新聞は毎日、「甘やかし」という言葉で、すべての日本人は戦争捕虜として扱われるべきだという主張を繰り返した。しかし、誰も転住センターを見た者はいない。

収容された「エバキュエ」たちは、バラックに詰め込まれた。間仕切りのない、混み合ったベッドの間に吊られた薄っぺらな木綿のカーテンでかろうじてプライバシーが保たれていた。板切れでもあれば棚を吊ることもできたが、キャンプではそれも貴重品だった。バラックは清潔だが、炊事の設備や水場はない。かつて一緒に収容され、ゲートを出て行った「ジ・アウトサイド」(出所者)が差し入れてくれない限り、調理設備もない。軍のキャンプでは一二から一四のバラック(二五〇人〜三〇〇人が生活している)ごとに中央食堂、洗濯用の小屋、公衆軍用トイレとシャワーの設備があった。

収容されている「エバキュエ」にはアメリカ人より贅沢な食事があてがわれているという噂が繰り返されたが、一日の食費は一人四五セント以下で、一食あたり一五セントでは十分に栄養ある食事とは言えない。第三の食料調達の道はキャンプの中で耕される畑からの収穫である。そのお陰で一人あたり三一セントという食費で済んでいるのである。

仕事を求めれば、働くことはできるが、ほとんどが肉体労働である。彼らはキャンプを耕して野菜を育てたり、食堂で食事の準備をしたり、コケイジョン（白人スタッフ）を手助けするためにタイプを打ち、協同組合の店で働いている。仕事は、床屋、靴直し、病院の医師、便所の雑役、台所のゴミ集めなど様々である。賃金の最高額は月一九ドル（医師）であり、最低は一二ドル、平均は一六ドルであり、それに自分と扶養家族のための手当が付く。

センター内に、成上がりとそれに服従する者という支配関係ができる。治療に優れた日系人医師は戦前は快適な家で優雅に暮らしていたが、ここでは家族全員がワンルームに詰め込まれている。センターの病院での日系人医師の月給は一九ドルで、結構な高給取りの「コケイジョン」の（技量は日系人医師より未熟である）医師の指揮下に置かれている。二〇年に渉り、園芸栽培や園芸店を経営していた者も、カリフォルニアで手広く農場を経営していた者も、ここでは、センター農園の「単純労働者」に過ぎない。

記録によれば、迫害されている間も、日系人は公的援助の世話になることを嫌っていたという。彼らは誇り高く、お互いに励まし合い助け合ったりはしたが、ＷＲＡの世話になろうとはしなかった。

センター内の自治

日系人たちは常に孤立を強いられ、排斥されたあげく、自分たちだけの社会を作らざるを得なくなった。カリフォルニア州マンザナールのセンターは荒涼とした砂漠にある。彼らは精神的にも孤立させられ、仲間内での結束を固めていくしかない。収容された日系人は市民生活や戦争や世界の動きからも孤立している。子どもたちは学校では英語を話し、他の子どもと競い合っても、家へ帰れば日本語を話す。十代の少年、少女のドレスやスラング、行動などを見ると、彼らはまさにアメリカ人のように振舞っている。裏を返せば、それは彼らが自らをアメリカ人と位置付けることが難しいからでもある。彼らはやがてゲートを出て行く、あるいは出て行かなければならないことを知っている。

「エバキュエ」たちは、印刷された文書よりも噂を信じている。噂といってもそれは軍が意図的に流したものかもしれないのだが。収容者全員がまた他所のセンターに移されるかもしれないなどという噂もある。こんな噂は、移動した経験を持つ人々にとって恐ろしい悪夢としか言いようがない。

WRAのバラックには小さいながらも確かな自治組織がある。ほとんどのセンターにはブロックの代表や指導者からなる議会があるが、決定すべき議事は限られており、議員はWRAの新しい規則や計画を聞き、構成員に情報を伝達することが主な仕事である。

「エバキュエ」の三分の二はアメリカ市民権を持っていたが、アメリカ生まれの「二世」の多くは一八歳から二八歳までで、地区マネジャーの仕事に就くには若すぎた。日系アメリカ人の中には、教育を母国で受けるために日本へ帰った「帰米」と呼ばれる人々も数多くいた。「帰米」組はほとんどが「プロ・ジャパン＝日本支持派」であり、最終学歴を日本で終了した者は特にそうであった。環境に適応できない「帰米」は二世にも嫌われ、センター内での不平不満の種となっていた。

結局、アメリカの市民権を持たない「一世」が地区の支配人として権威を持ち、安定感があって世馴れた賢さなどを発揮するという結果となる。一世は日系人社会のリーダーとして尊敬を集めていた。彼らは合衆国の法律で市民になることを禁じられているので最初から居留外人なのである。だが、一世の多くは合衆国に対して本気で忠誠を誓っていた。合衆国がその忠誠心を呼び覚ましたのではなく、一世がその子どもたちのアメリカ人としての安全な将来に思いを巡らすからである。

センターの政治や行政は、デマゴーグによって左右される。労働中にトラックが転覆して人が事故死したことがある。それに対し大きな葬儀を出すことに行政が許可を渋ったり、「コケイジョン」が人種差別を露《あらわ》にすることがあると、「扇動家」が噛み付いた。それがキャンプの大きな係争となるかどうかは、センターの信頼の度合いに掛かっていた。キャンプ内の係争や苦情などは、「エバキュエ」の代表が処理している。WRAも人手不足なのである。

軍が鎮圧に出る騒ぎとなった二つの「暴動」は、小さな苦情が重なって起きた。暴動は権力に刃向かい、行政を叩き潰そうとするグループによって、危機的状況へと発展しストライキが決行された。だが、収容所内におけるストライキとは、結局、自らの首を絞めることであった。

治安の維持は以前より保たれていた。イデオロギー的な空気は一掃されて、「プロ・ジャパン＝日本支持派」や「非忠誠組」はすでにカリフォルニア北東にある隔離センターに送られて、あと九つのセンターには「忠誠組」だけが残っていたからである。

登録と隔離

すべての「エバキュエ」にとって、「登録」（Registration）と「隔離」（Segregation）という言葉は、「抑留」（Evacuation）と同様、嫌な響きを持っていた。「エバキュエ」が東部へ行き、仕事に就く権利についての判断基準は、「忠誠」か「非忠誠」を決める質問の答とFBIに残る記録、それにヒアリングであった。

質問は隔離センター行き、つまり「非忠誠者」を隔離するための判断材料にも使われた。

「忠誠心」をメジャーで測ることは難しい。「エバキュエ」のふるい分けは難航した。選抜は一九四三年二月、軍が日系アメリカ人の部隊を戦場に送ることを決定した時から始まった。「登録」のための調書には、アメリカに忠誠を誓い、喜んで戦場に赴くかなど二八項目の質問が印刷されていた。当初は、徴兵の義務のあるすべての者にその質問がされることになっていた。しかし、誰かがセンター内のすべての成人に拡げた方が良いと考えたのであろう。計画は変更され、一七歳以上のすべての人々に二八項目の質問が課せられることになった。

転住センターは流言と不信に満ちた社会である。朝令暮改で、今日の趣旨説明が明日は全く異なるような悲惨なことが起きる。ほとんどのセンターで「登録」の目的について誤解があった。質問事項はかなり不用意な語句が並べられていたので、「登録」の過程で質問の内容を変更せざるを得なくなった。数千人が答えることを拒否した。その他の者は彼らの失った仕事、家庭そして市民としての権利を思い出して、怒りに委せて答を書いてしまった（それは結局「不忠誠」ということになった）。だが、彼らには何の罪もない。彼らはいい加減に彼らを拘禁してしまった「民主アメリカ」を防衛することに、熱意が持てなかっただけである。

ＷＲＡは公正であるべく、彼らが憤りや気持ちの混乱から答えてしまったことについて、数ヵ月の間、やり直しを希望する者にはその事情を聴くことを認めた。しかし、ツールレイクに送られたすべての人々が日本への忠誠を誓っていたかについては疑問が残る。

ツールレイクを選んだ一世には、日本に対する忠誠心や日本にいる家族との固い絆があった。彼らはアメリカに忠誠を誓うと、日本にいる親族が報復されることを恐れた。ツールを選んだ一世はほとんど子ども連れだった。一七歳以上の子どもたちの中には、家族の絆を断ち、プレッシャーに立ち向かおうとする者もいた。ツールの高校で「公民」と「アメリカ史」という教科が人気の選択科目であったことは、皮肉ながらも意義深い。

日本側の捕虜交換交渉についての消極的な姿勢に対し、ツールレイクで暮らす日系人が気落ちすることはない。彼らは日本へ帰ることよりも、むしろ止まることを望んでいる。彼らは「非忠誠」や家族関係という以外に、複雑な理由でツールレイクに止まっている。たとえば、「安全」とか「癒し」という理由でここを選択した者がいることは明らかである。それは、様々なセンターで、彼らが自ら隔離されることを望んだというパーセンテージが証明している。昨年（一九四三年）秋、ツールレイクのキャンプを隔離センターにすることが決まった時、ツールの抑留者一万三千人のうち、六千人近い人々が残留を望んだ。この高いパーセンテージは、彼らが再び追い立てられ、転住させられることを望んでいないことを物語っている。たとえば、アイダホ州のミニドカ転住センターでツールに行くことを選んだのは七千人中わずか一二二五人だけである。

その他のＷＲＡセンターからツールレイクを選んで行ったのは、ごくわずかの疲れてうちひしがれた人々だけだった。その理由は、彼らはツールのキャンプの鉄条網の張られた塀は、戦時中は取り払われることがないことを知っていたからである。

ある者は民主主義の約束を反故にされたことを抗議するためにツールレイクを選択した。たとえば、一九四一年の春、ファシズムの脅威を強く感じ、兵役を志願したカリフォルニア州出身の若い二世がいる。彼は日本がアメリカを攻撃した後、彼の母国であるアメリカの軍隊から突然排除され、他の「エバキュエ」と同じように塀の中に留置された。一九四三年二月、彼はアメリカに対する忠誠と母国防衛に対する意志を問う質問表を手渡された。だが、彼はそのような方法で自らの「忠誠」を証明することに耐えられなかった。何故かといえば、すでに彼は忠誠を証明していたのだから。彼がツールレイクにいるのは日本に対する愛からではなく、忠誠を誓ったアメリカ政府に対する抗議からであった。

ある日系人は第一次世界大戦でアメリカ軍の兵士として戦った退役軍人会に所属していた。真珠湾攻撃の直後、彼はカリフォルニア州で軍への奉職や勤労奉仕を志願した。が、拒絶され、転住センターへと送られた。彼は収容所内で「もしあなたが自らをアメリカ人と思うなら、この門を出よう！」というスローガンを掲げ、「トラブルメーカー」となった。結局、彼は戦時隔離センター送りとなり、最後にツールレイクに廻された。昨年、財務省は彼からの小切手を受け取った。有刺鉄線を巡らした塀の中から郵送された小切手の額は百ドルを超えていた。それは彼の収入に対する税金に相当する額であった。前の年、彼はポルトガル船のナビゲーターとして働き、その報酬を一年遅れて受け取った。彼はいつもと同じように税金を払うことにこだわった。彼はもちろん日本に行きたいとは思っていない。唯、ツールレイクで民主主義の犯した過ちに抗議し、戦いに加わらないでいるだけである。

転住

ツールレイクの収容者たちがどこに行くかより、他の九つのセンターで忠誠を誓った「エバキュエ」がどうなるかの方が問題である。「登録」やヒアリングでふるい分けられて、忠誠を誓った人々には「出所許可」が認められた。多数の公式文書や、写真や指紋付きの身元保証カードで身を固めて、初めて「エバキュエ」は東部へ向かうことができる。旅行費用として一日三ドル、蓄えがなければ、二五ドルの現金も渡される。

過去一年間で一万七千人の「エバキュエ」たちが「出所」して行った。彼らはほとんどが若くて独身か、結婚していても子どもがいなかった。ある二世は二年前彼を拒絶した社会へ、勇気を奮い起こして戻って行った。兵士に守られていたセンターのゲートを一度出ると、若い二世は全くの独りぼっちとなり、一世である父が移民契約労働者として経験したよりもさらに強い偏見に直面した。

二世を外へ引き出す強い磁力は、東部へと出所して行った仲間からの手紙である。すでに出て行った者は、友人に対して熱心に報告を送り返す。新しい生活を始めたものは、年齢は一八〜三〇歳がほとんどで、工場、レストラン、ホテル、オフィス、キッチンなどで働き、後に続く者たちのためにその未来を築きつつあった。「ニューヨークでは日系人はどんなレストランでも食事が摂れる」「東部へ向かう車中でも、あまり関心を持たれなかった」とか、「シカゴでは日本人だということを、誰も意に介さなかった」という手紙が来れば、残留組に小さな希望が広がる。シカゴのような大都会に移り住めば、組織化された社会的保護や教会の仲間の支援を得ることもできる。

過剰な偏見がなくて、何らかの仕事の機会を提供してくれる社会であれば、日系人はどこへでも「出所」が許可されて送られた。イリノイは転住した日系アメリカ人を四千人と最も多く受け入れた州となった。彼らの多くは、シカゴかその近郊で仕事を見付けることができた。ウィニティカ（先住民インディアン）の主婦たちと日系人とが家事手伝いの職を巡って張り合ったが、それについて、『シカゴ・トリビューン』でさえ穏健な態度を取っていた。ただ、ハースト系新聞だけは相変わらずガナリ立てた。

オハイオ州の産業都市は、転住センターから約千五百名を受け入れた。東部防衛地域では、特別の転入許可が必要なのにも拘らず、すでに、数百の日系人がニューヨーク市へ転入してしまっている。北東部への流入は確実に増加傾向にある。ウィスコンシン、モンタナ、アイオワなどの中西部各州に散らばった者は数百を超える。

もちろん、こうした受入れの流れに抵抗する地域もある。ヨーロッパ戦線で勝利し、太平洋戦線からの死傷者リストのみが送られて来る現在、「エバキュエ」に対する敵意は、増加しつつあっても減ることはない。

ユタ州は約二千の「エバキュエ」を受け入れた。そのほとんどはソルトレイク市とオグデン市で、最初は穏やかに受け入れられた。しかし、先月、アメリカ労働組合はソルトレイク市当局に対し、日本人を祖先に持つ人々に対する就業許可を取り消すように申請した。やむなく二千名はコロラド州に向かった。しかし、コロラド州デンバーにおけるハースト系新聞の『ポスト』紙に掲載されたキャンペーンや新しい差別的な法律の提案は、アメリカ国内に論議を巻き起こした。

コロラド州議員のウェン・W・ヒルは、先月、軍曹の制服のまま、キャンプ地から緊急の休暇を取得し、州議会へ向かった。日系居留者を除いた土地所有法案「日系人差別目的の法案」を通さないように要請するためだった。軍から一時除隊する時、「アメリカの自由を守るためなら、戦場で死ぬのと同様、喜んで政治生命を失おう」と彼は述べた。彼は温かい拍手で迎えられ、下院は日系居留者の土地所有を認めない法案を通したが、上院は一五対一二でその法案を却下した。

アリゾナは、去年、人種偏見の馬鹿騒ぎを行っていたので、WRAは日系人をアリゾナへは送り込もうとはしない。一年前、アリゾナ州知事はある法案にサインした。その法案とは、日系人に物を売る場合、売ることを数日前に新聞に公告して知事に申請の手続きを取ること、そうしない限り、タバコ一箱すら売ってはならない、というものであった。法律は数ヶ月間施行されたが、合衆国憲法違反として撤回された。その法律は実は新たに移住してきた五七名の日系人を対象としていたのではなかった。アリゾナに戦前からいる六三二名の日系人を締め出す意図を持っていたのである。彼らの多くはアリゾナで野菜農業ビジネスの厳しい競争を勝ち抜いて、豊かな暮しを実現していたのである。

一万七千人と数は少ないが、若く係累のない壮健な二世には、本人とはかかわりなく、彼らをどう扱うかという最大かつ困難な問題が残された。扶養家族のない若者を軍が調達するのも数に限りがある。今年の初め、軍はボランティア兵としてのみ受け入れていた方針を変更して、黒人と同様、二世のみの人種別部隊を編成し徴兵することとした（すでに、千二百人を下らない二世がボランティア兵として、センターの塀を後にしている。ハワイ在住の二世を加えると、一月には一万人程が志願している。彼らの一部は南大平洋において諜報活動などに従事している。ある日系アメリカ人の大隊は、大きな犠牲を伴いながらも、イタリア戦線において軍功を立てている)。もう一つの問題は家族の扱いである。よく知られているように、「エバキュエ」の家族の絆は固い。WRAは転住した若者たちの多くが直きに両親や年下の兄弟姉妹を自分の元に呼び寄せることになるだろうと見ている。たぶん、これら二世は自ら過激なまでにアメリカ人たらんとしているので、その家族を鉄条網のフェンスの中には置きたくはないだろう。

しかし、WRAのセンター内には、残して行くことのできない幼い子どもを抱えた何百もの家族がいる。センターにいる限り、衣食住が与えられ、医療も教育も受けられ、さらに月一六ドルが支給されるから、そこを出て新たな生活をスタートするには勇気が必要だ。農家の人々は、中西部に行って、新しい土地で未経験の農業を始めることを危惧している。多くの人々は日雇いの労働者としてもう一度スタートし直すには、歳を取り過ぎたとも感じている。中には、小売、輸出入、卸などの流通業に従事していた人々もいる。カリフォルニアのリトルトーキョーへの人口の集中が、日本人が相互に物流やサービスを行う商業基盤の構築を可能としていた。たぶん、これからはそうしたリトルトーキョーも存在し得ないだろう。

もし、「エバキュエ」たちが明日、西海岸に戻ることを許されたとしても、彼らは昔のスタイルのままの生活を再構築することを躊躇するだろう。人種的偏見を別にしても、この二年間で、彼らの築いた基盤はすっかり失われてしまっていた。日系人は辛抱強く努力を重ねてカリフォルニアで生活の場を築くことを望んでいるが、彼らは完全にカリフォルニアから切り離されてしまっている。

施しや政府の救済を受けるのは潔しとはしないが、身の安全ということに関しては心が休まるので、やむを得ないことでもあった。そう思えるまでに気持が薄らいでいくのにどれくらいの時間が必要なのかは分からない。かろうじてプライドを保ち続ける人に多くを期待するのは酷というものだろう。二世である息子たちが土地を所有したり、貸りていた土地がかなりの大きさになっても、変わらずに「(背を丸くして田畑を耕やす)猫背の労働」を続けてきた年老いた農婦は、収容所に入って初めて休息をとることになった。ずっと日雇いの労働者であった年老いた独身者たちは、センターでの保証された暮しを素直に楽しんでいる。

戦争がもう二年長引いて、WRAがその間に二万五千人以上の日系人のための出所先探しを継続すると仮定しても(WRAはその数字以上のことをしているのだが)、公式発表に従えば、四万五千人ほどの日系人が転住センターに残ることになる。しかも、この発表はツールレイクと法務省の敵国人捕虜収容所に収容されている二万人については言及していない。

最終的に残留する日系人の数が二万五千であろうが四万五千であろうが、一九四二年から一九四三年にかけて実施された「保護的な拘束」は、一種のインディアン特別保留のような存在として、これから長年に渉りアメリカ人の良心を悩まし続けることになるだろう。

まもなく、日系人の抑留と拘禁や財産補償について、憲法違反を問う一連の訴訟が高等裁判所で始まろうとしている。裁判は数年に渉って続くことになるだろう。

憲法違反についての陪審員の評決は、財産返還要求についての最終的な調停を含め、記録をせずに終らせることはできない。それは軍の命令ということだけでなく、アメリカ軍事法廷、ハースト系新聞のニュースのヘッドライン、連邦最高裁判所のアーカイブなどに記録されることになる。何よりもそれは大多数がアメリカ市民である何万という日系人の人生に記録として刻まれるのだ。

後世の歴史家がこれらの記録を見たら、軍のカリフォルニアにおける方針とハワイにおけるそれとの整合性を見出すことは難しいかもしれない。

日本人の血を引く人々がハワイ諸島の人口の三分の一以上を構成していた。そして、真珠湾攻撃が起こり、ヒッカム空軍基地が殺戮の場となったにも拘らず、ハワイでは大掛りな日系人抑留はなされなかったのである。

戒厳令が敷かれ、誰もが持っている重要な憲法上の権利が一時宙に浮くことになったのをよいことに、司法省や軍当局は数千もの疑惑を丸め込み、事を処したのである。

ハワイはカリフォルニアと異なり、日系人抑留を要求する強い政治的、経済的圧力はなかった。もし、ハワイで日系人が移住させられたとしたら、サトウキビ畑やパイナップルの栽培といったハワイの生活基盤は揺らいだであろう。ハワイ州司令官デロス・C・エモンス将軍は「日系人はこの地域には欠かせない存在だ」と述べている。

一九四二年三月に発令された西海岸における「軍事上の必要性」という法令は、まる二年間効力があった。この不当な（準）戒厳令によって、少数のマイノリティの憲法上守られて然るべき個人の自由や権利が脅かされた。東部に移り軍需産業で職を得たアメリカに忠誠を誓った「エバキュエ」たちは、なぜキャベツ栽培をするためにカリフォルニアに戻ってはいけないのかを問う権利がある。一九四二年三月の発令はその根拠に欠けているようだ。多分、軍は「エバキュエ」の故郷帰還を軍事的理由というより、カリフォルニアの強い圧力と脅迫を理由に禁止することにしたのだろう。ハースト系新聞は西海岸への日系人の帰還が許されたとしたら、大虐殺が起こるだろうと予告している。サクラメント市のホーム・フロント・コマンド（在郷戦線）はこう叫び始めた、「彼らは戻って来てはいけない、永久に！さもなくば、ただでは済まされない」。農業協同組合、カリフォルニア農場組合、アメリカ在郷軍人会、輝ける西部の末裔会などが、この「さもなくば…」という圧力を繰り返した。

政治家もそれに同調して「嫌われているマイノリティは一定期間カリフォルニアから離れているべきだ」と公言して憚らない。

市民として自由や人権に関心を持ち、（準）戒厳令が続くことを忌々しい問題だとするカリフォルニアの人々もいたが、そんな声はすぐに打ち消されてしまった。

一九四二年に日系人の抑留を命じたジョン・L・デウィット中将は「カリフォルニアにジャップを呼び戻さない限り、ジャップがどう扱われようと知ったことではない。ジャップはジャップだ」と発言し、人種差別を推進するカリフォルニアの人々を勇気づけた。

昨秋、デウィットの跡を継いだエモンス将軍は一言も発言しなかった。彼はハワイにおいて日系人の抑留の命令を出さないことを決定した、あのエモンスである。

カリフォルニアや太平洋沿岸の諸州への軍の日系人締出し許可が長引く程、ハースト系新聞やその同調者による「日系人の帰郷が許されたら、カリフォルニアは無法状態になる」というキャンペーンが、より人々に浸透することになる。アメリカ市民である日系人の「保護抑留」を続ける限り、合衆国は引き続き曖昧な政策を抱え続けなければならない。過去、アメリカの慣例法では暴力を振う市民を拘束したことはあるが、暴力や脅迫による犠牲者を拘束することはしなかった。「保護抑留」の目的は、他の選択より武器を使うことが都合が良いということを、すべてに対して証明することであった。カリフォルニアは人種差別と非公認の自警についての長い歴史を持つ州である。デトロイトの黒人、ボストンのユダヤ人、テキサスのメキシコ人をどうするのか？　マイノリティの「保護抑留」には終りがない。そうしたことはナチスがすでに証明しているではないか。『フォーチュン』一九四四年四月号

『フォーチュン』のレポートには、戦時敵国人強制収容所の実態を正確に報道しようとする姿勢がうかがえ、記事は明らかに日系人に同情を寄せている。『フォーチュン』は、三分の二はアメリカ市民権を持つ彼らを、有無を言わさず収容所に押し込めた連邦政府や軍の政策を、憲法違反と人権侵害の疑いがあるとして、アメリカ史の一大汚点としてとらえている。そして、日系人糾弾の急先鋒であるハースト系新聞とその支持団体のキャンペーンを、世論をミスリードするものとして非難している。戦時であることを思えば、この記事は十分評価されて然るべきであろう。

ミネ・オオクボのイラスト

この章には、ミネ・オオクボのイラストが使われている。

ミネ・オオクボの『市民１３６６０』という著作の「一九八三年版への序文」に、「『フォーチュン』の一九四四年四月の日本特集号を編集するにあたり、ニューヨークに来な

いかという誘いがあり、私は収容所を去った」という記述があり、「ジ・アウトサイド」つまり出所を許された日を次のように書いている。

自宅からタンフォラン競馬場（集合センター）に収容されるまでトラックは荷物を満載していたが、その上に私たちの荷物を積み上げげた。よじ登って、それを押さえながら収容施設に行った。

タンフォラン競馬場での生活
ここに座っていても仕方がない。思い直して、また、私たちは馬屋の掃除を続けた。手箒で交替で床掃除をした。この箒が持って来たものの中で唯一の実用品だった。

タンフォラン競馬場からトパーズへの移動

　ネバダの砂漠地帯を越えて列車はトパーズへと向かう。二日目の夜になると、極度の疲労から落ち着かず、眠る者などはなかった。暖房用のスチームが暑すぎて息が詰まった。

トパーズ収容所の暮し

　最初のクリスマスはうら寂しいものであった。食堂にはクリスマスツリーが飾られ、特別料理も出たが、お祝気分は皆無であった。中には、例年通りのクリスマスをやろうとする家族もないではなかった。

アルカリ性の土壌は農業に不適だとの調査結果にもかかわらず、春にはほとんどすべてのものが家庭菜園を始めた。砂嵐から苗を守るために、みな貴重なボール箱、段ボール、使い残しの板切れなどを工夫して間に合わせの風よけを作った。

女性はシャワーを使うのにお互いを気にしたり、恥ずかしがっていた。お年寄りはシャワーよりも昔ながらの風呂桶を好んだ。

一九四四年一月、私も出所の決意を固めた。証明書にサインを貰い、汽車の切符と二五ドル、旅行中の食事代として日当三ドルが支給された。通行許可証と配給手帳を受け取り出口へと急いだ。見送りに来てくれた友人らと握手を交した。それから、戦時転住局と陸軍との身体検査を受ける列に入った。とうとう私は自由になった。

ミネ・オオクボ『市民13660』

第四章　天皇を操る者は誰か？

一九三六年九月号の『フォーチュン』で分析された「天皇」は、外国人ジャーナリストによる最初の天皇像であろう。その天皇のイメージとは「宗教的、政治的、軍事的指導力が一個の人間の中に融合した存在でありながら、独裁的天皇制という枠組の中で担がれた神輿（みこし）であり、時の政権の操り人形に過ぎない、それは在位中の（昭和）天皇に限らず、時代を越えてそうであった」というものである。日本を取材した『フォーチュン』の二人の特派員はどのようにしてこのような結論に到達したのか？

一九四四年四月号の『フォーチュン』には、「本誌が日本特集号を組むのはこれが二度目で、最初は一九三六年九月号であった。その記事はアーチボルド・マクリーシュ（Archibald MacLeish－現連邦議会図書館長）とワイルダー・ホブソン（Wilder Hobson－現タイム編集者）によるもので、二人は七週間日本で取材を行った」とある。この特派員の書いた記事を、その後の『フォーチュン』が継承し、縮刷版まで変わることのない天皇のイメージを作り上げ、占領軍に読まれていたのであるならば、それは占領政策にまで影響を与えたことになる。ルースが日本に送り込んだ二人の特派員とはどのような人物だったのか？

二人の特派員

アーチボルド・マクリーシュ

特派員の一人マクリーシュは、ルースが最も信頼していた記者である。二人はエール大学のキャンパスの楡の木陰で、文学や思想を語り合った仲である。一九二九年、パリで詩作を続けていたマクリーシュがアメリカに戻ったところをルースにスカウトされた。『フォーチュン』を発刊するにあたり、ルースはベテランよりも、みずみずしい感性を持つ記者を探していた。ルースは嫌がるマクリーシュを膝詰め談判で口説いた。

マクリーシュの詩集『コンキスタドール』（Conquistador＝征服者）は、一九三三年にピュリツァー賞を受賞する。彼は優れた詩人、文学者、評論家でもあった。エール大学を卒業後、ハーバード大学のロー・スクールに学び、ボストンで法律事務所を持ち、ハーバード大学の教壇に立つなど、すでに成功した法律家でもあった。

『フォーチュン』を中心に活躍した彼の言論活動に対して、左翼はファシスト的であるとし、右翼は共産主義の同調者だと攻撃している。

ワイルダー・ホブソン

もう一人の特派員ホブソンもエール大学の出身であり、ルースとマクリーシュの後輩にあたる「エール・ペデグリー」(エール大学閥)であった。昼はジャーナリストとして働いたが、夜はダウンタウンでジャズを聴き、自らも楽器を演奏して楽しんでいた。一九三九年にホブソンが上梓した『アメリカン・ジャズ・ミュージック』は、ジャズについての本格的な評論であり、黒人のみすぼらしい音楽と思われていたジャズを「魂の音楽」として評価した最初の労作であった。デューク・エリントンやルイ・アームストロングなどが活躍した時代、『アメリカン・ジャズ・ミュージック』はベストセラーとなり、折から普及したラジオの影響もあって、ジャズは市民権を得ることになる。ホブソンはアメリカのジャズの歴史にその名を刻んだ男でもあった。

『フォーチュン』は天皇をどう扱ったか?

三つの『フォーチュン』日本特集で、天皇に関する記事の骨子は一貫していてブレがない。三六年九月の日本特集号の「大日本帝国を動かしているのは誰か?」という章では、まず、帝国に君臨する天皇の存在を強調し、天皇のルーツを辿っている。

天皇は神話から生まれた存在であり、アーサー王の魔法の剣、ニーベルンゲンの指輪、アラジンのランプ、オルフェウスの竪琴、ゼウスの雷……つまりその持ち主に絶対的支配権を与える神話上の象徴を継承する家系の末裔である。言い換えれば、歴史上、天皇は支配者であったことはなく、その存在を巡って支配権が行使された。明治憲法は「国家すなわち天皇であり、天皇すなわち国家」と定めた。現在の天皇は「甦ったメデュウサの首」であり、皇室の権威は目も眩むばかりに維持されている。そして、その天皇を操るものが寡頭政治（Oligarchy）である。

『フォーチュン』一九三六年九月号

一九四四年四月の特集では、

天皇は国家を具現するものであり、天皇すなわち日本である。とすれば、天皇の利用価値は大きい。古来から実権を手にした者は天皇を利用してきた。天皇の権威は、いかなる時も天皇の名にあるのであって、天皇個人ではない。天皇の名における詔勅だからこそ、宣戦布告の詔勅も神の法としての権威が備わるのである。

「軍人勅諭」は日本陸海軍のバイブルである。明治天皇の名における勅諭は、強制を伴う厳しいモラルと化す。これに従わず敵に降伏する者は理由の如何を問わず、天皇に背く者であり、国家、神、家族を裏切る者であるとして断罪を受けることとなる。

明治維新以来、列強諸国による植民地支配に陥ることなく、独立を確保するに足る強力な日本を目指す中央政府は、天皇という存在に民族の心を結集し、国家の改造を図る必要があった。この状況から、古来の神道の伝承が装いを新たにし、天皇を民族の象徴と考える新しいイデオロギーを支えることになる。

『フォーチュン』一九四四年四月号

として、二つの『フォーチュン』とも天皇は支配権を持たず、時の支配者に利用される存在であり、明治政府が列強に伍して強力な国家を作り上げるために、天皇を日本帝国の象徴とみなすイデオロギーを必要としたと説明している。

二・二六事件の直後に来日して、ファシズムの台頭を目撃したマクリーシュは「操られた天皇説」を強く意識したのかもしれない。三六年九月号で天皇を扱った章のタイトルが「大日本帝国を動かしているのは誰か？　Who Runs the Empire ?」であるのに対し、四四年四月号では「天皇を操る者は誰か？　Who Runs the Emperor ?」へと変わり、天皇が操られた存在であることが強調され、記事の内容は在位中の昭和天皇へと絞られる。

現在在位の天皇は名を裕仁という。年齢は四三歳。テニスとゴルフの腕は十人並みの海洋生物学者であり、「平和」を主題とする歌を詠み、眼鏡を掛け、政府の外交政策と軍の作戦行動には苦りきっている。天皇が自ら意を決して隠遁生活を送ろうとも、幽閉されて無力となろうとも、それは微々たる問題にしかなるまい。『フォーチュン』一九四四年四月号

もうひとつ、四四年四月の特集号には、戦場で向き合う敵の首魁としての天皇がある。

玉砕した将兵たちは皆「天皇陛下万歳！」と唱えて散っていった。天皇こそが日本人の生きる根拠であり、天皇のためには臣民は喜んで命を抛《なげう》つ。

一九四一年一〇月、東条が首相となる頃には、政府は軍の管制下にあったと言ってよい。今や天皇を操っているのは軍部である。『フォーチュン』一九四四年四月号

ここでは、天皇を操るものは軍部であるが、軍部も一枚岩ではなく、陸海空がそれぞれに独立した司令部を持ち、さらに陸軍の権限は参謀総長、陸軍大臣、教育総監と三分され、海軍の権限は軍令部総長、海軍大臣と二分された構造を持ち、これらの間に上下関係はないことを指摘している。

日本の政治の要諦は「根まわし」にある。「ほんね」は妥協でありながら「たてまえ」は対立する勢力が国を思う心で連携する。手の内を知り尽くした上での駆引きである。日本の最上層部は、この拮抗する勢力を天皇の名においてバランスを保ち、御することで権力を保っている。

『フォーチュン』一九四四年四月号

四四年四月の『フォーチュン』と、四四年一二月の縮刷版『フォーチュン』を比較しても、天皇に関する記述は全く変わっていない。ただ、次の文章が縮刷版に付け加わる。

すでに東条は姿を消し、小磯陸軍大将、米内海軍大将という陸海の連立政権だが、この内閣は歴史上かつてない破滅的状況にある。無敵皇軍の夢は消え、迫り来る破滅があるのみで、国内外の問題が山積している。アメリカ軍の反攻が刻々と残された領土に迫り、その迎撃や防衛に追われる中で、和平のための微妙な戦機を暗中模索せねばならない。

『フォーチュン』一九四四年一二月縮刷版

四四年四月号に戻ると、「天皇を操る者は誰か？」では、正装をして馬車に乗る昭和天皇の写真が掲載され、「天皇は大元帥の正装に身を包んだ小男である。実権はないが、制度上の地位は高い。彼の職務は、写真のように厳しい顔の四人の軍人をトップとする権力集団に利用されることである」とキャプションにあり、さらに、天皇を操る軍部四人、民間人四人、右翼・財界人四人の顔写真を掲載している。（　）内はそのキャプション。

軍部は、東条英機首相（幾つもの大臣を兼任、陸軍総司令、あだ名である「カミソリ」のような行動力を持つ）、寺内寿一陸軍元帥、古賀峯一連合艦隊司令長官、嶋田繁太郎海軍大臣である。

民間人は、近衛文麿（プリンス、意志薄弱で強度の憂鬱症。妥協に長け、三度総理大臣を務めた、今や、「新元老」という名の長老政治家の一人）、松平恒雄宮内大臣（元駐米大使、天皇への謁見を取り次ぐ権限を持つ）、重光葵外務大臣（上海で命を狙われ、爆弾で片足を失った。噂では、東条内閣の穏健派）、後藤文夫国務大臣（あまり目立たない慎重な翼賛政治体制協議会副会長）である。

丸縁眼鏡を掛けた大日本帝国の建設者四人は、頭山満（鬚面の右翼、八九歳だがまだパワフルで黒竜会に後援されている、公的人物の暗殺にかかわる）、星野直樹内閣書記官長（事実上の副総理。満州国建国と日本への利益誘導方針を企画、東条の信任厚い民間人の一人）、藤原銀次郎国務大臣（前歴は新聞用紙を独占する王子製紙の社長、内閣における実業界の代表）、青木一男大東亜共栄圏担当大臣（占領地域を支配する官僚）である。

『フォーチュン』は記事の中で、歴史を見通した上で、日本の政治の要諦は「根まわし」にあり、その仕上げに天皇が利用されたのだということを指摘している。『フォーチュン』一九四四年四月号の「戦後の対日処理」の章では、天皇と天皇制の問題について次のように述べている（縮刷版も変わるところはない）。

対日処理をめぐる議論の焦点は天皇に絞られる。ひとつの考え方として、日本人の心情には、最初から侵略を助長するようなものはなかったと考え、この戦争を軍閥の責任か、そうでなければ、世界的な経済法則のなせるところに過ぎないとする見方もある。この考え方からすれば、混乱を元に戻すべく天皇か、それとも、まだ一一歳で問われるべき責任のない明仁皇太子に望みを託すことになるのも仕方のないところである。天皇は事あるごとに、いつも担ぎ出されてきた。政策担当者の中にも、国際連合は天皇を担ぐべしという説がある。軍閥を追放し、自由な政治、経済のためには天皇を旗印にした方が良いというのである。天皇を錦の御旗として、その陰で政治や経済をコントロールした方が都合が良いという考え方である。だが、日本の侵略戦争の根源は単に外交や貿易にあるのではない。それは日本人の心情や社会構造の深淵から発しているのであり、この危険な社会的、心理的構造の要が天皇という存在なのである。そればかりではない。天皇を担ぐという発想からすれば、天皇が定めた（欽定）民主主義の発布ということになり、それは近代民主主義にとって前代未聞のことといえよう。天皇の意向を以ってしても敗戦は免れ得なかったとなれば、皇位は保ち難い。もし、保ち得たとしても天皇に関する神話までも認める筋合いはない。天皇を中心に据え、忠君愛国、特権階級の専制政治、軍の進軍ラッパが一体となって近代日本が成立して来たのである。天皇がある限り、日本人の心は旧態依然であり、それにとらわれては束縛から逃れ得ない。まして、世界に伍することなど思いもよらない。

たしかに、国際連合としては天皇を退位させたりすることは、とんでもない愚策である。が、戦後の日本において、天皇に心を寄せる連中や天皇制を守ろうとする政府には、監視の眼を怠るべきではなかろう。

言うまでもなく、我が方が無条件降伏の申入れを受ける相手は天皇であり、それは、こちらにとっても好都合であろう。だが、降伏の申入れが天皇からであったとしても、天皇を承認したこととさせるわけにはいかない。天皇との接触はこれで終りとするのである。以後は天皇との接触は一切これを拒否して、日本を議論の渦に巻き込むのだ。我々の立場としては、その中から、日本人が自らの政府を組織し、運営し、最善を尽すのを待つのみである。

『フォーチュン』一九四四年四月号、『縮刷版』共通戦時に出版されたアメリカの一経済誌が、その後の日本における天皇の地位に影響を与えたとは言いきれないが、占領後の日本をコントロールした占領軍やＧＨＱのスタッフが、これら『フォーチュン』の記事を読んでいたことをガルブレイスは目撃している。また、特派員として最初に天皇を記事にしたマクリーシュが、大統領のブレーンとして秘密委員会をリードし、トルーマン大統領の国務次官補として戦後の占領政策の立案にまで携わったことを考えると、この一連の『フォーチュン』日本特集における「天皇」に関する記述は意味を持つ。

『フォーチュン』は、天皇は軍や財閥に操られた存在であり、天皇制を存続させるか否かは、日本人自らが決めることだとしながらも、天皇を頂点とする社会構造は徹底して解体されるべきことを説いている。

『タイム』に見る天皇像

同じタイム社が発行する週刊誌『タイム』に載った天皇像は、『フォーチュン』とどう違ったのだろうか？　『タイム』は『フォーチュン』以上にアメリカ世論に影響力を持つ週刊誌である。一九四〇年代の発行部数は『フォーチュン』の約八倍、値段は一五セント（『フォーチュン』は一ドル）であった。そして、週刊誌の常として記事はより過激で、センセーショナルであった。ＡＰ通信の記者で、戦時中ジャーナリズムの検閲の仕事をしていたバイロン・プライス（Byron Price）は『タイム』を「**驚くべき暴露に見せかける軽薄な言葉の操作をしている**」と嫌っていた。通信社や新聞社が週刊誌を「暴露的なイエロージャーナリズム」と批判するのは今に限ったことではない。

『タイム』は創刊以来、いくつかの例外を除けば、常に「時の人」をその表紙にしてきた。その週、最も注目された人物がその表紙を飾るのである。人物像には明らかに編集者の意図が込められている。たとえば、一九四一年一二月二二日号の表紙に登場した山本五十六司令長官の顔は、いくらか似ているところもあるが、酷い悪相に描かれている。山本長官憎し！　が顕わで、キャプションには「日本の侵略者山本提督彼こそあのすさまじい不信行為の大胆不敵な実行者」とある。

1941年12月22日号　山本五十六連合艦隊司令長官（後ろの丸は大艦の巨砲か？）

1945年5月21日号　昭和天皇

『タイム』の表紙に昭和天皇が登場するのは、終戦間近の四五年五月二一日号である。ドイツが降伏した直後であり、次は日本だということなのだろう。その二週間前の表紙はヒットラーに大きくバツ印が付いた図柄であった。大元帥の正装に身を固めた昭和天皇で、背景には朝日にたなびく雲海と羽衣を纏った天女がなぜか抜き身の日本刀を持っている構図である。キャプションには「天皇裕仁」「いつまで続くこのアナクロニズム?」とある。この四五年五月二一日号『タイム』の天皇に関する記事の抜粋を記す。

戦局がヨーロッパから太平洋に移ると合衆国は恐るべき事実に直面した。何とこの戦いは神との戦いであった。すでに合衆国の艦隊が神の国の外塁を砕き、爆撃機が都市を粉砕し尽し、陸軍はその聖なる本土を侵略する準備をすでに整えている。

1945年5月7日号　ヒトラー

1945年8月20日号　日の丸

アメリカ人のほとんどはこの「神聖なるもの」については無知である。一九三二年に天皇が『タイム』の表紙になった時、日本人はこの雑誌を売る際、「天皇の肖像〈御真影〉の上に物を置いてはいけない」と要求した。アメリカ国民にとっては、この神はいささか出っ歯でガニ股であり、胸は薄く、眼鏡を掛けた小男のように見えるのだが、七千万の日本国民にとっては神聖な存在なのだ。

不可解な敵を把握するにつれて、アメリカ人は徐々にではあるが、日本人の心というものを実感し始めた（その文化は宇宙人のように理解し難いネアンデルタール人のようだ）。日本人にとっては天皇裕仁すなわち日本である。敵のすべてが天皇という存在に具象化されている。

『タイム』一九四五年五月二一日号

太平洋戦争開戦直前から終戦までに『タイム』の表紙に載った日本人を辿ると、

一九四一年一一月三日号　東条英機
一九四一年一二月二二日号　山本五十六提督
一九四二年三月二日号　山下奉文陸軍大将
一九四二年八月三日号　板垣征四郎陸軍大将
一九四三年二月一五日号　永野修身海軍大臣
一九四三年一一月八日号　古賀峯一連合艦隊司令長官
一九四四年七月三日号　嶋田繁太郎海軍大臣

これほど多くの日本人が短期間に『タイム』の表紙を飾ったことはなかった。一九四五年八月二〇日号は天皇について次のように論じている。

天皇は外交の最高権限者である。宣戦を布告し、降伏の詔勅を作る。天皇の詔勅は、国民にとって唯一無二のものであり、「天皇こそ日本」なのである。トルーマンにとって天皇の持つ力はとりわけ重要である。彼の見る限り、天皇のみが、アジアや太平洋に散らばるすべてのジャップの軍隊に対し、終戦を命じることができる存在なのだ。天皇は触らぬままに残しておくのが一番だと助言する者もいるが、大統領は「天皇は勝利者に対してはっきりと頭を下げるべきだ」と考えている。

『タイム』一九四五年八月二〇日号

勝利宣言とも取れる『タイム』八月二〇日号には、手を挙げてVサインをしている躍るような足取りの紳士が掲載されていて、キャプションには、バーンズは「天皇は必要とされるだろう」"The Emperor will be required."と語ったとある。

国務長官ジェームズ・バーンズ（James F. Byrnes）はマンハッタン計画に深くかかわり、原子爆弾が製造されると「原爆を日本の市街地に投下すべし、事前警告は不要である」と主張した政治家である。

「天皇は必要とされるだろう」というバーンズ発言はさまざまに解釈されよう。終戦直後太平洋に散らばっている日本兵の武装解除を含めた敗戦処理に天皇の存在が必要、これからの日本の占領政策にとって必要、あるいは日本の将来にとって必要とする解釈もできよう。バーンズの本心が武装解除などの戦後処理にあったということは、その後の言動で判断できるが、老獪な政治家として、あえて玉虫色に取れるように発言したものと思われる。

ローズヴェルトは一二年間、四四二三日の長きにわたり大統領を務め、第二次世界大戦の勝利を目前に、現職のまま死去した。四五年四月、副大統領として後を継いだトルーマンは、終戦時、大統領としてはまだ数ヶ月のキャリアしかなかった。ローズヴェルトの頃からすでに戦時動員局の長官を務め、マンハッタン計画を推進していたバーンズにとって、トルーマンはローズヴェルトと比べれば小さな存在だった。彼は開戦時の駐日大使で四四年一二月に国務次官補となったジョセフ・グルー（Joseph C. Grew）やヘンリー・スチムソン（Henry L. Stimson）などの日本通の反対を押し切り、ポツダム宣言から天皇の在位についての保証を取り払うようにトルーマンに進言している。『タイム』の終戦特集は、「天皇も我らの召使」という小見出しで、老獪な外交手腕を振うバーンズを記事にしている。

トルーマン大統領への圧力は大きい。米国民や陸海軍の軍人は、日本が敗北し、平和が来たと考えているが、これからが問題なのだ。蔣介石の中国は天皇に対するいかなる譲歩にも反対するだろう。イギリスのアトリーは責任を転嫁し、スターリンの考えはすでにトルーマンに伝えられているものの外交問題は山積している。

熟達した老獪な妥協の達人であるジミー・バーンズが手を加えて、たぶんジャップと中国人を除けば、すべての関係者を喜ばせる答を書いてみせた。ＯＷＩは、アメリカ、イギリス、ロシア、中国に向けて、いわゆる「バーンズ・ノート」を放送した。その内容は、降伏の瞬間から、天皇および日本政府は連合軍の最高司令官の指揮下に入らなければならない、ポツダム宣言の条項を実行するための必要な降伏条件で日本政府と日本帝国の最高司令部がサインすることになるが、それをオーソライズし保証するためにも、また、太平洋に散在する日本の陸海空軍すべてを武装解除し、戦争を止め降伏するように命令を下すためにも、天皇は必要とされるだろう、というものであった。『タイム』一九四五年八月二〇日号

『菊と刀』と『フォーチュン』

ここで、『フォーチュン』の日本特集号と『菊と刀』の関係について触れておきたい。文化人類学者ルース・ベネディクト（Ruth Benedict）の『菊と刀』は一九四六年にアメリカで出版され、三年後には翻訳されて日本でもロングセラーとなった。理由のひとつは、文化人類学という切り口の新鮮さだろう。もうひとつは、日本人のメンタリティを『菊と刀』という言葉で表したその鮮やかさにあろう。

『菊と刀』の内容は戦中から「情報」としてＯＷＩに上げられていた。ベネディクトはその「序」の中で「報告する課題を与えてくれた戦時情報局に謝意」を表明している。また、

「一九四四年六月に日本研究の仕事を（戦時情報局から）委嘱された。私は、日本人がどんな国民であるかということを解くために、文化人類学者としての私の利用し得るあらゆる研究技術を利用して欲しいという依頼を受けた」とも書いている。

ベネディクトがフィールドを踏むことなく日本研究ができたのは、同僚のロバート・ハシマによるところが大きい。ハシマはアメリカで生まれ日本で育ったが、一九四一年帰米して収容所に抑留された。このような二世はＯＷＩには大勢いた。その後、アメリカ軍機関に勤務するため、ワシントンに来て彼女と出会ったのである。それともう一つは、海外諜報局（ＢＯＩ＝Bureau of Overseas Intelligence）が集めた山のような日本映画のフィルムである。海外諜報局はＯＷＩの下部組織で、ベネディクトは、そのＢＯＩの敵国民意分析部門（ＦＭＡＤ＝Foreign Morale Analysis Division）に所属していた。この部門は戦う敵の分析のみならず、その占領政策まで視座に入れていた。戦時情報局で指導的な役割を果たしていたマクリーシュの書いた『フォーチュン』日本特集を、フィールドを踏むことのできない文化人類学者が読んでいないはずはない。『菊と刀』と『フォーチュン』日本特集との類似はそこから生まれた。

アメリカの戦時政策が、天皇を処理するにあたってキッド革の手袋をはめる（生温い手段を取る）必要はない。天皇こそは国家神道の心臓であり、もし、アメリカが天皇の神聖性の根底を掘り崩そうとするならば、敵国日本の全機構は大黒柱を引き抜かれた家のように瓦解するだろうとする意見もあるが、「日本を知る者は、天皇に対する侮蔑的言辞や攻撃ほど日本人の憎悪を刺激し、戦意を煽り立てるものはないということをよく知っていた。日本人の天皇崇拝は、ハイル・ヒトラー崇拝とは同じように論ずるわけにはいかない」というのが、日本に居住した人々の主張である。

　日本人俘虜の証言はこの説を裏書きした。最後まで頑強に抗戦した俘虜たちは、その極端な軍国主義の源を天皇に置いていた。彼らは「天皇の命令のままに身命を捨てた」、その言い分は「天皇が国民を戦争にお導きになったのである。それに従うことが私の義務であった」ということであった。一方、今度の戦争を否認していた俘虜たち、戦いに倦《う》み疲れた人たちは、天皇を「平和を愛好される陛下」と言い、「陛下は自由主義者であり、戦争に反対しておられた」と主張した。「陛下は東条に騙されたのだ」「天皇は戦争を好まれない、したがって国民が戦争に引きずり込まれるのをお許しになる筈はなかった」とも云う。日本の俘虜たちはドイツの俘虜とは違って、皇室に捧げられる崇敬と軍国主義、侵略戦争政策とは切り離し得るものであると断言した。

　天皇は、彼らにとって日本から切り離すことのできない存在であった。

「天皇のない日本なんて考えられない」。「天皇は日本国民の象徴であり、国民の宗教生活の中心である。天皇は超宗教的な対象である」。たとえ日本が戦いに敗れたところで、敗戦の責任は天皇にはない。「天皇のお言葉のみが、日本国民をして敗戦を承認せしめ、再建のために生きることを納得せしめることができる」としている。この天皇に対する無条件、無制限の忠誠は、天皇以外の他のすべての人物および集団に対してはさまざまな批判が加えられる事実と好対照を示していた。

ルース・ベネディクト『菊と刀―日本文化の型―』

『タイム』と『フォーチュン』の確執

『タイム』と『フォーチュン』は、それぞれ独自の編集方針を貫いていた。一九三六年、スペインでは左翼連合による人民戦線政府が成立した。これに対して、大地主やカトリック教会、大資本家に支えられたフランコ将軍がモロッコで反乱を起こし内戦となった。独・伊はフランコ将軍を支持し、大量の武器と兵員を送り、スペインは戦場と化した。ピカソはパリにいて、ドイツ軍の空爆で破壊された『ゲルニカ』を怒りを込めて描いている。

スペイン内戦を報道する『タイム』はフランコ支持を鮮明にした。総編集長でもあるルースは人民戦線を憎んでいた。『タイム』は蜂起したフランコ軍を最初は「反乱軍」と呼んだが、それをすぐにやめた。逆に、人民戦線政府の首相マニュエル・アサーニャをその表紙とキャプションで「デブ」の「できものだらけの蛙面」に描き、フランコは将軍らしく威厳に満ち、ソフトな語り口と意志を秘めた唇を持つ正義の味方として描かれている。

『タイム』は、記事の中でも人民戦線政府を「アカ」、フランコを「シロ」と呼び、フランコ支持の旗幟を鮮明にした。

『タイム』の外報部長レアド・ゴールズボロウ（Laird S.Goldsborough）は、ルースと同じエール大学の出身で、『タイム』のキャンペーンは共産主義を嫌うルースとゴールズボロウの共同作業であった。こうした『タイム』の偏向報道に噛み付いたのが『フォーチュン』にいたマクリーシュであった。マクリーシュはエール大学の後輩であるゴールズボロウやルースに遠慮がなかった。彼は次のような手紙を二人に送り付けている。

「『タイム』の記事に、スペイン内戦は、シロとアカが勝手に戦っている闘鶏のようなものだとあるが、人民戦線はスペイン国民に選挙によって支持された正統な政府であり、ファシストを後押ししているのは大地主やカトリック教会である。私は事実を提示することがジャーナリズムの責務であると考えているが、スペイン内戦は何のための戦いなのか？　戦いが人民戦線に対する反動による許し難い侵略行為だということを、『タイム』は一度たりとも提示したことがないではないか。」

ルースはこう答えている。「スペイン革命はまさに刮目すべき事態であるが、君はこの革命の目的が本当に根拠のあるものと思っているのか？　これが仮にファシストとコミュニストとの対立でないとしても、スペイン革命はその争点を明確にすることができるだろうか？

今、スペインはファシストとコミュニスト（人民戦線でもいい）という陣営に二極化している。最終的に、世界はそうなるかもしれない。だが、今はまだそうなってはいないのだ。君が自由主義連合と同じように共産主義を考えるとしたら、それは間違いだ」

ルースは、これからの世界はコミュニズムとファシズムによって二極化し、その陣営による対立で揺れ動くだろうと見て、スペイン内乱もその先駆と考えていた。

マクリーシュばかりでなく『フォーチュン』の編集スタッフたちは、偏向する『タイム』の記事に対して怒るというより呆れていた。しかし、ルースは希代の「なだめ屋」であった。彼は片っ端から編集スタッフにメモを渡し、懐柔作戦に出た。若い優秀なスタッフが何人も『フォーチュン』を辞めていった。

一九三八年、マクリーシュもルースに一通の手紙を残し『フォーチュン』を去る。「君はタイム社を創設し、十分に成功した。君はこの国で民主主義の理想を訴え、それを植え付けることに成功した。君は金持になろうなどと思っていないことは私がよく知っている。だが、君は二〇歳の頃に信じていたことを忘れるべきではない。人々の側に立つことだ。君はもともとそういう男なのだから」　その手紙は大学時代の友を思う気持ちが溢れていた。

第五章　農民と市民

一九三六年三月、『フォーチュン』の特派員、マクリーシュとホブソンは船で来日した。飛行艇による太平洋横断の処女飛行を予約していたが、トラブルが起きて船旅に切り替えたのである。横浜の税関では、鬚を剃りながら応対する横柄な税関吏に咎められ、携行した本を没収され、同行したマクリーシュ夫人は、物珍し気な視線に曝されたあげく、白い肌を触られたりしている。取材チームはまず、駐日大使のジョセフ・C・グルー（Joseph C. Grew）を訪ねている。二・二六事件の直後で帝都は騒然としていた。外国人記者には、アポイントを取るのも並み大抵ではなかった。滞在は三ヶ月、それが締切りに間に合うギリギリの日程だった。

特派員の見た農村

マクリーシュは九州の農村にまで足を伸ばした。特急『つばめ』で西下して下関へ。関門海峡を船で渡り、門司から再び列車を乗り継いで球磨川を遡上して、人吉盆地の農村に入っている。東京から三〇時間の旅であり、途中、何人もの官憲が付き纏った。

記事に地名は明記されていないが、人吉盆地の球磨川沿いに点在する村の一つである。ここには日本の古き良き暮しが残っていた。以下はマクリーシュの記事の抄訳である。

球磨川の清冽な流れや美しい丘陵に囲まれた農村は、訪れた人々の心を和ませてくれる。

この村には電話も電報も自動車もない。外界との連絡は日に一度の郵便配達と日に三度のバスである。村には二八五世帯一、六六三人が暮らしている。村の収入は平均よりかなり高く、負債は一世帯あたり二一〇ドルで、日本の中流農家の平均負債四五〇ドルの半分以下である。世帯あたりの支出は、税金と借金返済を除くと年間一五〇〜二四〇ドルで、税金は村全体で五、五〇〇ドルを支払っている。一世帯あたり一九・五ドルである。一〇戸に一戸が新聞を購読し、村に二つしかないラジオの一つは学校に置かれている。医師はおらず、二人の産婆が医師代りで頑張っている。

この村には二つ奇妙なことがある。一つは、欧米にはあまり知られていない村の社会的な組織であり、もう一つは、村の暮しが現金で換算できないということである。

村には数軒の小さな店がある。満州や韓国産の大豆で造った味噌や醤油を売る店。タバコ、線香、ちり紙などの雑貨や砂糖、塩、樟脳といった専売品を扱う店。それに和菓子屋と焼酎を造って売る店がある。この辺りでは、日本酒よりも度の強い米焼酎が好まれている。塩魚とか昆布、若布などの食料品も売られている。これらを買うには必ずしも現金でなくてもよいものもある。主婦は小銭入れのようにお米の入った袋を一〇程持って買い物に出掛け、これで支払う。米が貨幣に換算されているので現金の重要性は少なくなる。

村人は自家用か数戸で共同所有している水車で米を搗き、共同小屋で炭を焼く。農機具の修理は鍛冶屋に頼む。鍛冶屋は二、三戸分の農家を一度に受け持ち、その代償として各戸から米袋を貰う。仕事が済めば、農家の縁先で焼酎と肴が振舞われ、一杯呼ばれてから家路に着く。井戸掘りや大工などの職人も同様である。農家の支出の三分の二はこの手のもので、現金が出て行くのは三分の一である。村には米が貨幣代りに流通する中世の経済が残っている。しかし、このことが社会的に経済的に奇妙というのではない。

本当に奇妙なのは、村単位の閉ざされた共同体としての暮しである。村には外に表われない労働の供給源がある。村は仲間集団を持っている。もし、家を建てようとする村人がいれば、大工が家の土台を作った後、建前には近隣の者たちが集まり、棟を上げ、屋根を葺く。金の貸付も同様である。村人が団結して基金を運営する。葬式も村が共同であたる。死者が出た家には、近隣から男女が出向き、男たちは棺など葬儀一式を取り仕切り、三歩四方の墓を掘って死者を埋葬する。死者は最後まで慎み深く蹲った姿勢で村の共同墓地に埋葬される。女たちは台所を手伝い、弔問客に茶菓を出す。

冠婚葬祭はすべて人の輪の中で執り行われる。慶事には人々は温かく祝福され、焼酎が振舞われる。焼酎は行事での礼儀作法の一つであると言ってよい。焼酎の後は、長老が祝歌を歌い、厳格な親父たちが村に伝わる神楽を始める。神楽舞いには性的な描写も含まれているが、決して猥雑なものではなく、人間味があって西欧人が見ても嫌な気はしない。村には西欧では失なわれてしまった相互扶助の精神が生きている。貧者は西欧では福祉の対象だが、日本では村の暮しの一部である。村は運命共同体なのである。

四季折々の行事で培われた濃密な人間関係が、人々を共に暮らして行こうという気にさせる。村には垣がない。夜、通りを歩けば、子どもたちの歌声や教科書を音読する声が明るい障子越しに漏れて来る。男も女も家の内と外とで会話する。道からほんの数歩入った風呂場のランプの薄明かりの下で、湯舟に肩まで入浴している人と通行人が格子戸越しに立ち話をしている。欧米人にとってはノスタルジーとなり、忘れ去られてしまった村の記憶。親密に結ばれた、遠い昔の温かな人々の暮し、取り戻すことのできない民族の過去が息づいている。村はあまりに牧歌的である。

『フォーチュン』一九三六年九月号

七〇年前、この村に入ったマクリーシュは、欧米では失われてしまった牧歌的な風景と人々の暮しが息づく村を温かく受け止め、村を支える「結（ゆい）」や「講（こう）」を、福祉がなくとも助け合う相互扶助の心と見ている。だが、この牧歌的な生活こそが、欧米を脅かしているということも見逃さない。一見、魅力的に見える、何も持たない、倹《つま》しい、質素な農民の暮しが、産業の低賃金を生み、西欧の賃金水準を脅かす。日本の農家五五〇万世帯がこうした生活を続ける限り、農家の子どもたちは農業を離れ、喜んで工場労働者となるだろう。こうして、日本の低賃金や低コストは維持されるのだと指摘する。

もう一つマクリーシュを驚かせたのは、農家の経営規模の小ささと貧しさである。「農家の半分は、一エーカー（約四反）以下の土地を耕し、二五ポンドほどの米を得ているに過ぎない。アメリカの農家の平均である一五七エーカーの土地を耕しているのは千戸に一戸しかない。こんな小さな島国で、七千万もの人口を養う国は世界のどこにもないだろう。耕地は険しい山々に隔てられ、列島全面積の七分の一しかなく、一マイル四方の耕地が、二、九九五人を養う計算である。狭すぎる国土と多すぎる人口が日本の農業を圧迫している」と指摘する。

球磨郡須恵村

筆者はマクリーシュが滞在したこの村落を何とか特定できないものかと調査した結果（竹中敏彦法律事務所の村上由美子氏に依頼）、それを球磨郡須恵村（現あさぎり町）とすることができた。

理由は、昭和一二年の村の人口一、六二一と戸数二八〇が記事とほぼ一致する（『球磨郡誌』によれば、昭和一〇年、人吉盆地で人口二千人以下の村は須恵村だけである）。昭和一〇年一一月から一年間、シカゴ大学の人類学者ジョン・F・エンブリー（John F. Embree）博士が「日本の農村調査」のため須恵村に滞在していた。その他、焼酎の醸造所が一戸あり、村内を定期バスが通っていたこと、産婆が二人いることなどがすべて記事と一致した。

博士は日本の農村の典型として、この須恵村を選んだ理由を、「比較的小さな村で、全容を知るのに適している。ごく普通の村落社会で、稲作を主にしており、裕福でも貧困でもない。軍事基地から遠く、政府の監督指導の下にない」と述べている。

ところで、博士は『日本の村　須恵村』という著作を「須恵村の愛甲慶寿家氏」に捧げている。愛甲家は須恵村で焼酎を製造していた旧家である。焼酎の銘柄は地元の民謡から取って「六調子」といった。現在も愛甲家の累代供養碑が須恵村に残っているが、その碑には

「三代　酒造業・元須恵村村長　愛甲慶在　昭和九年四月十七日没、四代　酒造業・北大卒愛甲慶寿家　昭和十二年十一月十二日没」と刻まれている。愛甲家は村長を務める家柄で、四代の愛甲氏は鄙《ひな》には珍しい北大卒のインテリであったが、博士が帰国して一年後に急逝していた。須恵村で博士の調査とマクリーシュの取材を助けたのは、この愛甲慶寿家であった。

マクリーシュの農村の描写に戻ろう。

耕して天に至る

その結果がこの風景である。人間が大地に従うのではなく、緑野を人間に従わせるのが日本の風景である。世界のどの国よりも人で溢れ返り、雨すらも人の匂いがする。耕地という耕地には人手が加えられ、大切に子々孫々に引き継がれて行く。食べて行くには狭すぎる土地で、何世紀もの間、「間引き」という嬰児殺しが行われた。

農家が米作りをするのは、単に消費者の求めに応じてというだけではない。湿潤な気候がその栽培に適していることもあるが、狭い国土で多くの人口を養う作物として適しているからである。米は主要な穀物の中で粒が最も重い。一エーカーあたりの収穫高は小麦や大麦よりも勝る。同時に、水で育つ稲作は人手を食う。苗床や苗代を作り、田を起こして水を張り、田植えの後は除草と、労働は果てしなく続く。日本の田舎では皆こうして働いている。西欧なら草も刈らないような山の斜面も、工夫を凝らして棚田に改造されている。そして、べとついて蒸し暑く、死にたくなるような梅雨の時期になると、谷に向かって列をなす棚田に水が貯えられる。

近年、その村社会が危機に瀕している。外からもたらされた情報が村を脅かしているのである。二世代前までは、村から村への情報の伝達は、徒歩による往来で齎《もたら》される外はなかった。今は、兵隊帰りや出稼ぎで都会を経験した小作もいれば、紡績工場で働いた女工もいて、外の情報を持ち帰る。

村を危うくしているのはそうした情報ばかりではない。地主と小作の関係が悪化しているのである。小作はむしろ減っていて、一九三四年の統計では、小作農家は農家全体の二五％であるが、自・小作農家、つまり、地主兼小作が増えている。近年、地主と小作の争議は急激に増加している。一九三二年「危険思想」に繋がりかねない政府承認外の農民組織が誕生したことは、政府にショックを与えた。政府はこうした動きを「思想統制」で封じ込めようとしている。

『フォーチュン』一九三六年九月号

記事には、名取洋之助（カメラマン）が撮影した田植えをする早乙女や山襞まで耕されている畑や棚田の「エアーショット」などが添えられている。
エンブリー博士の『日本の村　須恵村』（『日本民俗文化資料集成第二巻』植村元覚訳　三一書房　一九九一年）には、マクリーシュの詩文「狭い土地と過剰な人口」が引用されていた。

狭い土地と過剰な人口

西欧人が心に浮かべる日本の風景といえば、
雪を頂いた富士と桜だろうか。
山を背景に立つ風に曲がった松のシルエットだろうか。
あるいは、岡のような傾斜を持つ農家の藁葺き屋根だろうか。

だが、日本にはもう一つの風景がある。
道は狭くくねり、森の端や川の流れに沿っている。
収穫が済んだ田圃には、稲架（はざ）に稲藁が干され、
樹が繁る処は、神の住まう鎮守の森。

農家の屋根を除けば、平野は一面、水が張られた田圃。
その田圃は人も歩けないほどの狭い畦で区切られている。
雑草が繁るのは、わずかに電信柱の下か、畑の土手ばかり。
収穫が終わって鴉《からす》が去った田に残るのは、僅かの落ち穂と案山子。
山里では月明かりの下で、男たちが春に備えて田の雪を掻く。
森の下草は綺麗に刈られ、枯れ枝が丁寧に束ねられている。
農家は犬を飼わず、農園には草を食む牛や羊の姿もない。

灌漑用の水路がナプキンほどの大きさの田に巡らされ、
谷の急斜面は、太陽に向かって平織りをなす棚田へと変わる。
山々は斧やつるはしで掘り返された石灰岩のように侵食されている。
これが日本の風景である。
日本では打ち捨てられ、野生のまま放っておかれるものは何もない。
何一つ無駄なものはない。

『フォーチュン』一九三六年九月号

マクリーシュは友人の作家アーネスト・ヘミングウェイ（Ernest Hemingway）に宛てた

手紙に、「君の国では、田園の春は土と雨の匂いで満たされるだろう。ところが、この国では糞が臭う」と書いている。よほど下肥の臭いに辟易したとみえる。
四四年四月の『フォーチュン』の戦時下の農民の描写は、マクリーシュの引用から始まっている。

日本では、岩に指紋が刻印されている。日本では人力が鉄をも穿《うが》つ。火山と火山灰地を除けば、すべての大地に人手が加えられ、何処に行こうと人がいる。

アーチボルド・マクリーシュ　三六年九月号『フォーチュン』

農民は、過酷な労働を強いられた惨めな小作であり、酬われることはなかった。西欧の尺度では、今も惨めとしか言いようがない。しかし、この戦争がもたらした米価の高騰と、政府の補助金とが、地主に縛られていた小作の負債を減少させ、売り手市場が、農作物の高値取引を可能にした。農民は余分な金はないが、高い給料のサラリーマンよりは豊かである。農民は家族を養うに十分な食糧を貯えている。戦時における農民の悩みは、不景気で借金や税金のかたに娘を工場や女郎屋に売らなければならなかった時代とは違う。
今の農民の悩みは労働力不足と肥料不足である。息子は軍隊に取られ、兄弟は製鉄工場で働き、近隣から人を雇うこともできず、夫婦と小さな子どもたちで働かなければならない。これまで使っていた化学肥料は徴用され、都市から買っていた下肥も徴兵で量が減り、栄養失調で質も落ちた。生計を助けるために、桑を栽培して蚕を育てていた農家も、絹を輸出する市場がなくなり、桑畑は穀物栽培に取って代わられている。(中略)

敗戦を迎えようが、平和が訪れようが、農民は相変わらず田圃で背を丸くして苗を植え続けることだろう。

『フォーチュン』一九四四年四月号

国民が飢えに苦しむ中で、農家の暮し向きは都市生活者より比較的ゆとりがあること、農家の人手不足が深刻であることなど、戦時下の農民の暮しを的確にレポートしている。都市から買っていた下肥が徴用で人が少なくなってその量が減り、栄養失調で質が落ちたことなど、どうして調べたのだろうか?

三六年九月号の「市民」の章の取材範囲は、貝塚市の最新鋭の大日本紡績の工場から、玉ノ井の売春宿にまで及んでいる。

市民の暮し

工場の平均賃金は一ヶ月二八日働いても一一・五ドルにしかならない安月給である。だが、為替レートも平均賃金もかなりいい加減で、平均給与や失業率といったデータでは、日本の市民像を正確には分析できない。

公に発表されている数字では、失業者は三五万である。約七千万の人口のうちの七五〇万が労働人口で、そのうち三五万が失業者という数字は、それより百万人は多いと見られる。この数字を説明するには、日本の家族制度を考える必要がある。家内労働が多い小さな商店や町工場が多い日本では、失業者の対応は雇用を作り出すのではなく、仕事を細分化することで失業者を吸収するのである。どんな些細な仕事も何らかの雇用に結び付けられる。こうして仕事はより小さなものへと細分化されるが、もうこれ以上分けられないところに到達すると、親が子を道連れにした「親子心中」が起きる。

しかし、総じて言えば、日本の失業は欧米的な概念では大したことはない。市民が何らかの賃金を得ている比率はアメリカに比べて遥かに高い。

都市労働者の多くが賃金体系のはっきりしない商業や家内労働に就いているか、従業員五人以下の小さな店で働いていて、現金払いは月わずか三〇セントである。最後に残るのが、政府に賃金を報告している二百万の工場労働者である。本当に賃金を受け取っているとされるのはこの二百万であり、その給与が工場労働者の平均賃金として公にされているのである。この二百万のうちの七〇万は織物工場で働く女工であり、彼女たちは扶養家族を持たない臨時労働者である。従って、日本の賃金を論じる際は彼女たちを除いて考える必要がある。農家の出の彼女たちは工場か女郎部屋に行くしかないのである。だから、農民は娘を喜んで工場に送り出す。

『フォーチュン』一九三六年九月号

中央官庁に仕組まれたことを承知で、『フォーチュン』の記者は大阪郊外の貝塚市にある大日本紡績の真新しい工場を視察している。最新鋭の設備を誇る工場と寄宿舎に案内されたので、これが日本の平均であるとは思わないで欲しいとの断りがある。この工場では、千五百人の十八~九の少女が、早朝組と午後組の二交替制で働き、学校の寄宿舎のような雰囲気の寮で暮らしている。清潔な大食堂には一五〇のテーブルがあり、これが大事なところだが、「夜の御飯のお代わりが自由である。浴室では熱い湯の入った大きな湯舟で、乙女たちがピンク色になるまで肌を磨く」とレポートしている。

食糧不足は記事よりも逼迫

四四年四月の『フォーチュン』では、戦時下の市民の耐乏生活が紹介され、欧米人から見ると日本人の食事は飢え死にしそうな粗食であるとしている。といって、記者が戦時中の日本人の食卓を実際に見たわけではない。「最近の報ずるところでは」としての新聞や雑誌の検閲済みの記事からの引用だから、現実との乖離はやむを得ない。

米穀通帳による米の配給が一日一一オンス半（三二〇グラム）で、それも満州の大麦やインドシナのキビが混ざっている。魚は週二切れとなっているがそれも途切れがちである。都市部では野菜も欠乏している。日本人は昔から小食に慣れているとはいえ、これでは健康状態の悪化は目に見えている。とりわけ結核と視力障害が蔓延している。日比谷公園の花壇は麦畑になり、女はモンペ、学童は紺の制服、男はカーキ色やグレーの洋服で、同盟通信とか外務省とかバッジを付けて歩いている。もう、男たちはあまり町には残っていない。先行きの見通しの暗さが市民の顔にはっきりと表れている。『フォーチュン』一九四四年四月号

以下延々と戦時下の耐乏生活が続く。だが、食糧事情は記事よりも遥かに逼迫していた。

その頃、小学一年生の筆者は疎開先で飢えていた。縁故疎開から集団疎開に切り替ると、食糧事情はさらに悪化した。なぜ「縁故」が「集団」になったのかと言えば、縁故疎開先が

東京を空襲するB－29の通路で、帰りがけに残った焼夷弾を落としていったからである。焼夷弾は小学校の校庭にも落ちてすり鉢型の大きな穴を造った。子どもたちは穴の斜面を駆け廻る遊びを発明したりした。

集団疎開では慢性的飢餓状態に陥った。二ヶ月に一度呼ばれた農家の昼食の何と豊かであったことか。筆者は鳥目や脚気に悩み、シラミに喰われた跡を掻き潰し、皮膚は膿んで元に戻らなかった。食事はアカザという雑草が浮く薄い味噌汁と主食のコーリャンという雑穀で、鉛筆を削った木カスのような味がして、食べると下痢を起こした。集団で寝泊まりしていた寺の小坊主は不意の闖入者《ちんにゅう》である我々を縄張り荒らしとみなし、寺の縁側から容赦なく突き落とした。後ろから不意を衝かれると、栄養失調の筆者は踏み止まる力もなく、寺の縁先に落ちた。もう少し戦争が長引けば、死んでいたに違いない。

この「戦時の耐乏生活」に関しては、『フォーチュン』の編集部の分析は甘いと言わざるを得ない。戦時ながらマンハッタンでワインを飲み、豪勢なランチを摂って、検閲済みの日本の新聞や雑誌のグラビアなどを参照して書いた記事の甘さが露呈している。

靖国で会おう

四四年四月の『フォーチュン』には、平均的な都市の中産階級の市民として、「フジノ・

ヒロシ」という名の中年の紳士が登場する。どこにでもいるありきたりの五〇を過ぎた「オジサン」である。架空の人物で実在はしない。一八九四（明治二七）年生まれ、友人と共同で高級紳士服の店を銀座に構えている。明治維新を体験したフジノ氏の両親は「天皇は神様だ」などとは思っていない世代で、彼もそうは思っていない。大学出で、在学中は英語に熱中したとあるから、典型的な中産階級とも言い難いが、コメントでは**「日本ではごく少ない中産階級の一人」**とある。

フジノ氏はなかなかのインテリで、政府が一般市民の思想統制にどんな手を使うかぐらいはお見通しである。新聞、雑誌、映画、放送から入って来る情報が厳重な検閲を経ていることも百も承知である。フジノ氏は祖国が「大東亜共栄圏」の新秩序建設のために立ち上がったこの戦争を誇りにしている。

『フォーチュン』の編集スタッフで、こうした人物を設定して市民生活を描くことのできるのは、日本での抑留期間が長く、日本の新聞や雑誌を詳細に読み解くことのできたクロード・A・バス（Claud A.Buss マニラで日本軍にとらえられ、一九四二年から四三年まで日本で抑留）をおいて他にない。以下「平均的日本人」の章からの抜粋である。

フジノ氏というおじさんは、初めからこの戦争はアメリカが仕掛けたものとして少しも

疑っていない。学生の頃は欧米に憧れて英語の勉強に精を出したこともあった。ところが、第一次大戦中、軍の嘱託を務め、戦後は商社を設立しようと励むうちに、強欲で物質万能の西欧列強さえいなければ、こんな苦労をしなくて済む、と思うようになった。世界中の美味しそうな植民地から日本が締め出されているようにも思えた。ヴェルサイユ条約は人種平等の主張を入れられなかった日本の屈辱であり、一九二一年から二二年に掛けてのワシントン軍縮会議は、日本海軍の力を削ぎ、山東半島で払った生命や財産の犠牲に対する正当な見返りを阻止する陰謀に思えた。アメリカが日本人の移民を禁止する法律を制定するに及んで、フジノ氏の漠然とした反西欧感情は反米感情へと変わった。「満州や中国が日本の生命線などとは認めない」とアメリカが言えば、直ちに義憤を覚えた。

一九四〇年、プリンス近衛が大政翼賛会結成を呼び掛けると、フジノ氏は諸手を挙げて賛同した。真珠湾攻撃のニュースには驚天動地の思いをしたが、戦果を聞けば意気軒昂となった。

一人息子が陸軍に応召されて満州に行った時はそれを誇りとしたが、今も、娘婿が南太平洋のどこかで帝国海軍の一員として戦果を挙げていることを自慢に思っている。

銀座の紳士服を扱う商売の方は上がったりである。衣料品はずっと前から配給で、わずかに軍の下請けで一息ついている。

最近、フジノ氏は隣組の組長に指名された。それからというもの商売そっちのけで、隣組に精を出すようになった。天皇がもともと万世一系というだけで、時の政府の傀儡に過ぎなかったということも知っているが、国家の安寧を計り、愛国心を鼓舞するには、天皇を担ぐしかないと堅く信ずるに至った。フジノ氏は「大和魂（やまとだましい）」も、イザナギ神話（日本の創世記に関する神話）も御伽噺程度にしか考えていないが、組長として自分が「大和魂」の話をすると、隣組の人々が祖先に対して崇敬の心と関心を持つのが見て取れた。また、建国の祖である神武天皇の「世界をひとつ屋根の下とする」という「八紘一宇（はっこういちう）」という言葉を引いて、日本の海外進出を正当化し、天皇を世界の元首として世界平和の確立を目指すという説明なども、フジノ氏は上手くやってのけた。

とりわけ、フジノ氏が気に入っているのが、一つは大政翼賛会の理論家である藤沢親雄教授の著作『神国日本の使命』にある「この度の大東亜戦争は、第二の天孫降臨であり、その精神は世界の人類を救済せんとするものである」という言葉である。

もう一つは、松岡洋右前外相の「大和民族の使命は人類が悪魔に堕することを防ぎ、これを破滅の淵から救い、光明の世界に導くことにある。……現代の物質文明の闇から世界の人類を救い出すことこそ、わが民族に下された神勅である。今こそ日本精神に帰らなくてはならない」という言葉である。

しかし、こうした「大和魂」とか「八紘一宇」とかいう言葉よりも日本人の精神を鼓舞するのは、靖国神社とそこに祀られた英霊であり、護国の軍神であることにフジノ氏は気付いている。フジノ氏はこの頃、東京の街角で兵士が別れ際に、「今度、会う時は靖国で」と言うのをよく耳にするようになった。

一九四三年六月のある晩、フジノ氏は憲兵隊から隣組に伝達するように言われた。「近時の作戦では遺骸を発見できないことがあり、遺骨が家に還らざる場合を想定し、髪や爪を遺しておくこと……せめて遺骨の代わりとしてその遺品を……英霊ここに神鎮まると合掌して送り届けることもある」というのである。

『フォーチュン』一九四四年四月号

このフジノ氏が憲兵隊から伝達を依頼されたという文書は、一九四三年六月二七日『朝日新聞』大阪版に、陸海軍当局談として掲載されたものである。四四年四月号の『フォーチュン』のスタッフは日本の新聞や雑誌を詳細に読んで、それをフジノ氏というオジサンの日常生活に投影させたのである。

このあと、フジノ氏は隣組の中に危険思想の持ち主はいないかをチェックしたり、文部省の軍事教練や忠君愛国を教える「修身」や「学徒出陣」の強化に賛意を示している。

時勢が移り、フジノ氏は内閣情報局の発表が以前と違ってきたことに気付く。一九四三年になってから、アメリカの軍事力、工業力について、新聞もラジオもこれまでのような言い方をしなくなってきた。四三年秋になると、ニュース映画はドイツ空襲を映し出し、新聞は空襲は日本にも必ずやって来ると繰り返すようになった。しかし、「鬼畜米英」とか「撃ちてし止まむ」というスローガンの踊る大会に出席すれば、わが意を得たりと思うのである。

『フォーチュン』一九四四年四月号

これから後、縮刷版にのみ加わったコメントとしては、「サイパンが落ち、東条内閣が瓦解するに至って、フジノ氏は敗戦の予感と神州不滅のスローガンの間で揺れた。そして、敵機一千機台湾空襲のニュースには、フジノ氏は勇壮な「馬賊の唄」を口遊みながらも心は揺れた」とある。

第六章　「ジャパニーズ」から「ジャップ」へ

開戦前夜に戻ろう。一九三八年、タイム社はクライスラー・ビルからロックフェラー・センター・ビルに移転し、三三階建てビルの最上階の七つのフロアを占めた。ルースは最上階に陣取り、編集部は上から順に、『ライフ』が三二階、『フォーチュン』が三〇階、『タイム』は二九階に陣取っていた。この頃、タイムのニューヨーク本社の社員数は八二七人。発行部数は月刊誌『フォーチュン』は一〇万部、週刊誌『タイム』は七〇万部でほぼ横這い、創刊して二年目の『ライフ』はまだ赤字ではあったが、一五〇万部を超えていた。『ライフ』の赤字は、広告費を安く見積もって、クライアントと年間契約を交わしたことにあったが、それもすぐに解消した。

ルースとドラッカー

アーチボルド・マクリーシュは、ローズヴェルト大統領の要請で連邦議会図書館の館長に就任することになり、タイム社を去った。『フォーチュン』に占めていた彼の存在感は大きかった。ルースにとっても大学時代からの友人で、最も頼りにしていたマクリーシュに去られたことは痛手だった。

その頃、『タイム』の外報部長のゴールズボロウは、フランコ支持に加えて、ナチズムを擁護する報道を『タイム』で繰り返して、社内外から批判を浴びた。手を焼いたルースは、彼の後釜としてピーター・F・ドラッカー（Peter F. Drucker）に白羽の矢を立てた。ドラッカーはナチス政権が樹立した頃にドイツを脱出。ロンドンを経由して、ニューヨークに渡り、『ワシントン・ポスト』や『サタデー・イブニング・ポスト』でフリーランスとして記事を書いていた。一九三九年春に上梓した彼の『経済人の終わり』は、後に首相となるチャーチルに激賞され、英米両国でベストセラーとなり、気鋭のエコノミストとして注目を集めていた。『経済人の終わり』は、ファシズムから自由を守るという趣旨で書かれ、将来、ナチスはユダヤ人を抹殺し、ソ連と手を組むだろうと予測していた。半年後、予測は現実のものとなり、ドラッカーの評価はさらに高まった。ドラッカーをハントした時、ルースはこの『経済人の終わり』だけでなく、彼のすべての記事の切り抜きを持っていた。そして、ルースの自筆の書込みがびっしりとあったことにドラッカーは驚いている。ルースはジャーナリストの考え方やその姿勢に敬意を払う男でもあった。

『タイム』の外報部長は、ジャーナリストなら誰でも一度は経験してみたいポストであり、桁外れに高い給料も二九歳の青年には魅力だった。ドラッカーは『タイム』の編集部に赴いたが、ゴールズボロウは辞めるつもりはもとよりなく、彼の周囲の『タイム』の編集者たちも、新参者のドラッカーがそのようなポストに就くことを快く思っていなかった。ルースもドラッカーを誘っておきながら、いざとなると、昔の仲間でありエール大学の後輩のゴールズボロウを追い出すことなどできない性格であった。彼の人事のやり方は、仕事の上で不要になったものは、給与を上げて、閑職ながらもさらに高い地位に就かせるというのが常套手段であった。後から考えれば、ルースは決断すべきだったのである。戦後、ゴールズボロウはタイム社のビルから飛降り自殺をしてしまうのだから。とにかく、『タイム』の編集部にドラッカーの居場所はなかった。その時のことを彼は次のように回想している。

タイムでは私は共産主義者の敵と見做された。共産主義に共鳴するジャーナリストが多かった時代、『経済人の終わり』でファシズムと共産主義の結託を予測したことが原因だ。職場での派閥抗争は真っ平だから、ルースには「この話はなかったことにしてくれ」と伝えた。

ピーター・F・ドラッカー「私の履歴書」─『日本経済新聞』

『タイム』を辞めたドラッカーは、『フォーチュン』一〇周年記念特集号を手伝うことになった。編集にあたっては別に編集長がいたにもかかわらず、ルースはその発刊に（編集長に気付かれぬように）全力を注いでいた。ドラッカーは『傍観者の時代』で、タイム社内の雰囲気をこう伝えている。

雑誌『フォーチュン』は、ルースにとって我が子のような存在であり、それを編集することは無上の楽しみだった。ルースは必要もないのに、編集局や美術局に入り浸った。現在は「企業のため」の雑誌と思われている『フォーチュン』も、当時は「企業について」書く雑誌であり、ルースはその方針を貫いた。企業の広報担当は『フォーチュン』の記者を企業に近付けないようにするのが仕事であった。　ピーター・F・ドラッカー『傍観者の時代』

ルースは新米記者とも対等に意見を戦わせ、女性の編集者の主張にも熱心に耳を傾けた。左翼の記者も記事が優れていれば、そっくり受け入れた。

「記者はそれが偏見でない限り、どんな意見でも述べる権利がある。所詮、記事は彼の名前で出ることになるのだから」と常々いい、記者の偏見がない限り、原稿を没にするようなことはなかった。ルースと一緒に働いた期間は短かった。けれども、文筆家として長いキャリアを過ごす中で、最も面白く、刺激的で、勉強に役立った期間でもあった。

ピーター・F・ドラッカー「私の履歴書」―『日本経済新聞』

一方、財政的には『ライフ』の売行きが好調で、タイム社は大黒字となった。『ライフ』は単なるニュース写真誌ではなかった。ハリウッドのプロデューサーやスターたちも『ライフ』に作品やポートレートを掲載して欲しいと思っていた。映画をヒットさせるには、『ライフ』に取り上げてもらうことが早道だった。

全米が大恐慌後の不況に苦しむ中、好調な雑誌の売上げと広告収入の増加で、タイム社は「シャベルで金を掬《すく》うような荒稼ぎ」をしていた。

雑誌の発行部数が伸びるにつれ、タイム社の記者たちは高給取りにもなっていった。スワンバーグ（W. A. Swanberg）の『ルースの帝国』によれば、「一九三五年には雑誌の編集者たちの年収は三万ドルに近く、彼らはマンハッタンの広いアパートで暮らし、ロールスロイスを乗り回すリッチな生活を送っていた」とある。さらに、誕生日にはルース夫妻からライオンの赤ちゃんをもらうという優雅な暮し振りであった。

ドラッカーは、ルースから『フォーチュン』の副編集長のポストを提示されるが、ライオンの子は欲しくなかったので、ためらうことなく「NO」と言った。

経済制裁と日米の世論動向

この頃、日米関係は破局へと向かっていた。一九三八年、日中戦争の最中、日本の戦争遂行に貢献しているという理由から、連邦議会で対日貿易の大きさが問題となり、対日禁輸を要求する声が高まった。「日本の侵略に加担しないアメリカ委員会」が結成され、ルースもそのメンバーの一人となった。

ハルバースタムはこの時期のルースを、「宣教師としての魂が燃え上がって、ジャーナリストから十字軍へと飛翔した」と評している。もともと、ルースは他人の意見を受け入れる心の柔軟性を持っていた男であったが、こと中国となるとそれが失われた。

ルース自身は頑な保守であり、「介入主義者」であったが、その意向に反する記者の記事についても寛容であった。だが、ただひとつ自己の方針を有無を言わさず押し付けていた分野があった。中国である。中国に関しては信念を持っていた。そして彼の信念には大勢の「親中国派」、たとえば作家のパール・バックやローズヴェルト大統領までが同調していた。

ピーター・F・ドラッカー『傍観者の時代』

一九三九年夏、政府が踏み切りさえすれば、アメリカの世論は対日経済制裁を支持するところまで来ていた。一方、ヨーロッパでの戦争の勃発は、英・仏が米から武器を購入できるようにする必要がある、というローズヴェルトの主張が正しかったことを証明した。中立法は改正され、一九四〇年七月には「日本の侵略に加担しないアメリカ委員会」の主張通り、航空機用ガソリンと上質の屑鉄が対日禁輸品目のリストに加わった。日本にとってこの「経済制裁」は打撃であり、大日本帝国は資源獲得に向けて、南進の機会を狙った。

一九四一年六月、ローズヴェルト大統領は陸海軍から「オレンジ計画」の最終シナリオを受け取る。「オレンジ計画」とは、アジアの強国となった日本に対する極秘戦略であり、ローズヴェルトも海軍次官の頃から深くかかわっていた。この小論で、ローズヴェルトの対日戦略に多くを割くつもりはない。ただ、開戦直後、彼が日本人を「非人間（Inhuman）であり、文明の欠如した民族」だと言っていると述べるにとどめよう。

一方、一九三〇年代、日本の世論をリードしていたのは大新聞であった。一九三一年の満州事変の勃発から『朝日』はその論調を変える。それまで、普通選挙実施や軍縮についてのキャンペーンで世論を喚起し、リベラルを標榜していた『朝日』は、満州事変を**「支那側の計画的行動」**と決めつけ、軍の行動を支持した。『東京日日』も日本軍の正当防衛を主張した。

国際連盟による日本軍撤兵勧告に対しても、『朝日』は満州における日本の権益擁護を主張し、侵略を非難するロンドンの『サンデー・タイムズ』とニューヨークの『ワールド・テレグラム』両紙に抗議している。『日日』は「第三者に事の真相は分からない」「ただこれを無視」「支那側の巧妙な排日」という一連の見出しで、柳条溝における中国側の「計画的証拠」を掲載し続けた。『日日』はその後一〇年にわたり、徳富蘇峰のコラムを夕刊に掲載する。その扇動的なコラムは挙国一致ムードを醸成し、ファシズム化に一役買った。

一九三三年、国際連盟脱退の主役を演じた松岡洋右を、『朝日』『日日』は国民的英雄としてたたえ、『朝日』は「連盟は極東問題について理解不足であり、日本の脱退は一大教訓を連盟に与える機会である」という社説を載せている。こうしたプロパガンダを掲げた両紙は部数を伸ばし、一九三三年には、両紙が全日刊紙の用紙の半分を消費するに至る。『読売』は読者層の下降化で生まれた新しい読者獲得のため、徹底的な大衆化路線とセンセーショナルな紙面作りで両紙に急迫した。こうした大新聞がファシズム・イデオロギーの教化、宣伝に果たした役割は大きかった。大新聞が足並みを揃えた背景には、三六年七月の内閣直属の「情報委員会」設立がある。委員会には内務省警保局長、陸軍省軍務局長、海軍省軍事普及部委員長、逓信省電務局長が加わっており、この委員会の設立は軍部がマスコミに対する政策決定や宣伝に公然と乗り出す機会を得たことを意味していた。メディアへの直接的圧力となったのは、用紙統制と内務省から府県警察特高課の手で推進された悪徳不良紙の整理である。こうした言論統制によって新聞は官報化し、用紙をもらった新聞が国民を煽っていた。

海軍少佐石丸藤太と『フォーチュン』

大新聞がファシズムへ傾斜して行く中、海軍少佐石丸藤太の『一九三六年』が上梓された。タイトルにあるように日本対世界戦争の開戦を一九三六年と想定したものである。その中で石丸は、**「凡そ今日の世界に於て、日本ほど広く憎まれているものはない。その憎まれ方は第一次大戦中のドイツ以上かもしれない。ただその世間に知れないのは、新聞がこれを黙殺するからである」**と述べている。

注目すべきは、海軍少佐が**「日本が世界から憎まれた存在である」**ことを指摘し、それを国民に知らせようとしないジャーナリズムを非難していることである。

石丸と『フォーチュン』との間にはある接点があった。戦時中から、タイム社は社内において戦後処理を検討する委員会を立ち上げていた。『タイム』『ライフ』『フォーチュン』の記者・編集者に外部の有識者を加えて、その委員会で「新しい世界秩序の中でのアメリカ」を検討していた。その委員長を務めたのがレイモンド・L・ビュエル（Raymond Leslie

Buell）で、そのビュエルの著作を『米国より観たる日米争覇戦』（一九二六年　博文館）として、翻訳したのが石丸であった。タイム社が日米関係を読み解くキーマンとして迎えたビュエルに、石丸は以前からコンタクトしていたのである。

その書の中で石丸は彼我の戦力を分析し、「次の大戦において、英国が米国と協同すれば、我が勝利の算は極めて疑問」として、「万一の僥倖《ぎょうこう》」を期待した勝利のシミュレーションを行っている。それは「インドの反英感情と独立運動の動きがエジプトを動かしてスエズ運河を封鎖し、ヨーロッパで欧州大戦が再発し、中南米が米国に反旗を翻し、パナマ運河が閉鎖された場合」のみであると言う。石丸もスエズ、パナマ両運河の同時封鎖などという「万一の僥倖」を信じてはいなかった。

石丸は戦争を避ける道も模索している。「過去における三つの戦争（日清、日露、第一次大戦）において一躍世界の強国となった日本は、ドイツと同様戦争の謳歌すべきことを知るも恐るべきを知らない。空前の危機を控える日本としては、この点を国民が深く三省せねばならない」として、ドイツに対して最後通牒を発したイギリス外相グレーの言を引いて「ヨーロッパの灯は今消えかかっている。世界は戦争の惨禍を知り抜いているではないか。（第一次）大戦の教訓を学べ、然らずんば人類は滅亡の域へと陥る外はないであろう。戦争は勝っても負けても損であることを銘記すべきである」と結んでいる。開戦前夜、日本の海軍には、こうした一少佐の言論を許す柔軟な姿勢があった。

東京特派員の死

二・二六事件、ドイツとの防共協定締結、日中戦争と世界を揺るがすビッグ・ニュースが日本で相次いだ。こうしたニュースの対応に海外特派員はその数を増した。

しかし、やって来た記者の多くは、不況で母国では定職に就けず、日本で一旗揚げようとするインテリ無職だった。ハワード・ノートン（Howard Norton 水彩画を交えたレポートを書いた特派員）は「日本へ渡った時は二二歳、無一文で借金をして来た。仲間はみな同じようなもので、アメリカではうだつが上がらず、記者としては駆出しだった」と回顧している。こうした素人記者がいくつもの新聞と特約を結び、送稿を始めた。ロシアのスパイとして検挙されたリヒャルト・ゾルゲ（Richard Sorge）も、ドイツやオランダなど四紙に送稿する特派員であった。

日本語の雑誌や新聞を読める特派員はほとんどおらず、政府の発表を鵜呑みにするか、同盟通信の英訳記事や雇い上げた日本人助手に頼っていた。

一九三六年、日本を代表する二つの通信社「聯合」と「日本電報通信社」が合併し、国策通信社「同盟通信社」が生まれる。UP通信は「同盟通信社」のニュースを受け出すのみとなり、独自の報道を海外に伝えたのは、日本語を武器にスクープをものにするAP通信の東京支局長レルマン・モラン（Relman Morin）と滞日四半世紀を超えたイギリス人記者ヒュー・バイアス（Hugh Byas）など数名に限られた。

日中戦争が勃発すると、東京特派員からの打電は日本政府の公式声明を受け流すのみとなり、こうした東京発のニュースに代わり、中国からの特派員報告が次第に欧米各紙に流されるようになった。戦況にしても、出先の関東軍のスポークスマンの方が、東京の官庁より率直に記者の関心に応えた。中国で仕事をしていた外国人記者の多くは、日本に蹂躙《じゅうりん》される中国に同情を寄せていた。彼らによって、日本軍の無差別殺戮、放火、略奪などが報道され、日本に対する憎しみを増幅させていった。

一九四〇年、東京では陸・海軍省に加えて、外務省も外国人記者クラブの会見を取り止めている。すべての発表は内閣情報局から出される政府広報のみとなり、日本で発行されていた英字紙『ジャパン・アドバタイザー』も売上げが減少して、『ジャパン・タイムズ』に吸収合併された。

同年、ロイター通信の特派員メルヴィル・J・コックス（Melville James Cox）が逮捕され、軍刑務所から墜落死するという事件が起きた。日本の警察は自殺と発表したが、外国特派員らはコックスの手足にたくさんの皮下注射の跡が見られたという証言を得て、危険が迫っていることを知り、国外に退去し始めた。こうして太平洋戦争開戦前夜、東京に残留している特派員の数は寥々《りょうりょう》たるものとなった。ロンドンの『タイムズ』や『ニューヨーク・タイムズ』と特約を結んでいたヒュー・バイアスも、一九四一年五月、四半世紀を超えた特派員生活を終え、アメリカに引き上げている。

ルースとホワイト

ルースはタイム社発行の雑誌に反日キャンペーンを載せるだけではもの足りず、プロパガンダ映画『マーチ・オブ・タイム』を製作した。野蛮な日本人に勇敢に立ち向かう勇気に満ちた中国人と、その最高指導者であり西欧を愛する蔣介石総統と美しくエレガントな妻の宋美齢を配したこの映画は、中国ブームを巻き起こした。

一九四一年六月、日中戦争の最中、ルースは重慶に飛んでいる。表向きは現地スタッフの督励であったが、目的は蔣介石と今後の対日戦略を協議し、浸透し始めた共産党の勢力をウォッチすることにあった。

この旅でルースは一人のジャーナリストと運命的な出会いをする。セオドア・H・ホワイト（Theodore H.White）である。まだ、二五歳の青年だったホワイトとルースは意気投合し、互いに「ハリー」「テディ」と呼ぶ仲になる。

ホワイトは一九三八年にハーバード大学の現代中国学科を卒業すると真直ぐに中国にやって来た。国民党情報部で働いた後、『タイム』の契約社員となり、記事が載ると一本につき二五ドルという条件で働いていた。重慶でルース夫妻を出迎えたホワイトの写真がある。それを見ると、巨躯でゲジゲジ眉のルースの横に、強度の近眼鏡を掛けたユダヤ系の小男のホワイトがいる。どこか棟方志功を思わす風貌である。

『タイム』や『フォーチュン』の記者といえば、ほとんどがアイビーリーグ卒業のWASPで固められており、洗練され、格好良さを身に付けたジャーナリストたちであった。

そんな中でテディは異質だった。一九世紀末にアメリカに流れてきたユダヤ系移民の息子であった。一九一五年生まれ。父はロシア系ユダヤ人で、東部で苦学して弁護士となった。ドーチェスターのゲットーに住み、社会主義者の旗幟を鮮明にし、資本主義を搾取的な制度だと子どもたちに教えていた。テディはハーバードに入学が認められたが、奨学金と新聞配達で学費を払うほど貧しかった。彼はハーバードで現代中国学の権威ジョン・キング・フェアバンク（John King Fairbank）教授の知遇を得た。教授は好奇心に溢れた弟子を、外交官よりもジャーナリストに向いていると考えた。テディは卒業すると教授から送られた中国入門書六冊と中古のタイプライターを持って、一直線に日中戦争最中の中国に飛び込んでいった。以後、彼はフェアバンク教授を読者と想定して『タイム』の記事を書いた。

ルースを空港に出迎えた時、テディはすでに一流の戦争特派員であった。ルースとホワイトには共通するものがあった。中国に寄せる熱い想いと好奇心、虐げられ、貧しい生活を送った少年時代、そしてエールやハーバードでの差別に苦しんだ大学生活。重慶の地でハリーとテディは磁石のように吸い寄せられていった。

テディはハリーを人力車に乗せて、戦火で荒れ果てた重慶の街を案内した。戦争の被害と悲惨を見て、ルースに突然中国語が蘇った。「テディ、直してくれ！」と叫びながら、彼は巷の人々と中国語で話し始めた。宣教師の息子として過ごした日々が蘇ったのである。それを見て、ホワイトも「何という男だ」と凝然とする。人力車で二人が市街を廻っている間も、絶え間なく日本軍の空爆が繰り返された。ルースは防空壕に飛び込みながら、ライフルを振り回して、敵を打ち落さんばかりの闘志を見せた。ルースは心底、日本と戦っていた。

重慶からの帰路、ルースはホワイトをアメリカに同道した。彼を『タイム』の極東担当デスクに推す積りであった。その時ルースは、テディこそ一番優れたジャーナリストだ、と心から思っていた。

デイヴィッド・ハルバースタム『メディアの権力』

第七章　パールハーバーの日

二〇〇一年九月一一日、世界はテレビのナマ中継で世界貿易センタービルを見ていた。燃え盛るビルに二機目のジェット機が突っ込んだ時、レポーターは「パールハーバーの再来だ」と叫んだ。テロに対する報復が遅いと詰め寄る世論に、ラムズフェルド国防長官は「パールハーバーの時も、反攻に至ったのは三ヶ月後だった」と語った。「パールハーバー」は、テレビリポーターや長官がとっさに発した言葉である。イラク戦争が泥沼化すると、ブッシュ大統領も「太平洋戦争もあの卑劣な奇襲から始まった」と繰り返し、第二次世界大戦で連合国が求めた「自由を守る戦争」というイメージを定着させようとした。

真珠湾のアタックは現地時間一二月七日午前七時四九分であった。その日、ルースはタイム社のロサンジェルス支局にいた。大衆紙『ロサンジェルス・デイリー・ニュース』を買収する下工作のためであったが、そんなことはもうどうでもよかった。ロス支局の写真編集者ジョン・G・モリス（John G.Morris）は、この日のルースを「パールハーバーのニュースを聞いて、むしろホッとしたようだった」「彼にとって戦争へアメリカの介入を促すために払ってきた努力が、やっと実った瞬間だった」と書いている。

今や偉大な国民の歴史上、空前の臆病な時代、一九二一年から四一年までの二〇年間が終りを告げた。今、幕を閉じようとしている時代は、悲劇的というよりむしろ恥ずべき時代だった。今日は怒りの日である。また希望の日でもある。この時のためにこそ、アメリカは創られた。

ヘンリー・R・ルース『ライフ』社説

この二〇年間、ルースは日本を叩き、中国支持のキャンペーンを張り続け、世界に干渉する強いアメリカを求め続けてきた。この日、ルースの望み通り、「憎むべき日本」は打ち倒すべき「敵国」となったのである。ルースにとってパールハーバーは待ちに待った瞬間であった。嫌いなローズヴェルト大統領に対しても「貴下の指揮下に完全なる勝利の達成実現を報道できることが、我々一同の衷心からの願いであります」と手紙を書き送り、忠誠を誓っている。

一二月七日のラジオニュースと夕刊は「ジャップの卑怯な奇襲」で埋め尽くされた。真珠湾が攻撃されるまで、日本に関するニュースはほとんど流されず、市民は開戦まで日本に関する知識など、ろくに持ってはいなかった。これには、合衆国のメディア状況を説明しておく必要があろう。アメリカでは百万を超すような発行部数を持つ全国紙は少なく、一九四〇年代には一、七五〇程の地方紙が乱立して、その八〇%が夕刊紙で数十頁という分厚さを持っていた。全国紙は『ウォール・ストリート・ジャーナル』のみで、大多数の地方新聞の編集方針は「地域密着主義」であった。これは「ローカルニュース」を無視して経営は成り立たない現在のローカルテレビ局と似ている。それに比べて、太平洋戦争突入時、タイム社の三誌の発行部数は、『タイム』百万、『ライフ』三三〇万、『フォーチュン』一六万部であり、その強さが知れる。

『フォーチュン』一九四二年二月号

『フォーチュン』は一九四二年二月号で、急遽、日本特集を組んだ。それは周到に準備されたものではない。パールハーバーから一夜明けた一二月八日は、二月号の出稿締切日であり、編集部には一日の猶予しかなく、とにかく記事を突っ込まなければならなかった。日本への敵意が剥き出しになった誌面であったとしてもやむを得まい。メトロポリタンに行って「山本」と名の付く錦絵を探し出し、漫画家コバルビアスに日本人のカリカチュアを描かせて急場を凌いでいる。

とんでもない見込み違いをアメリカはしていた。それについては自業自得で、自ら責任を取らなければならない。予測は覆され、二つの大洋における同時戦争が現実のものとなった。東の敵ドイツとの交戦は予想されていた。我々はドイツの指導者、政治、戦力、組織については充分に研究していた。戦争を不可避とは考えなかったが、ドイツとの衝突は避けられないと感じていた。一方、日本に関しては、西海岸から遠く離れているということもあり、すべてが裏目に出てしまった。だいたい、アメリカ人は日本人に関してほとんど何も知らない。知っていることも誇張された怪しげな御伽噺《おとぎばなし》でしかない。しかし、アメリカの公的機関は（海軍も含めて）ここ数年間、ジャップを仮想敵と見做していた。彼らはその気になれば、いつでも戦いを仕掛けて来る準備を怠りない凶暴さを秘めた敵だったのだ。

我々が持つ一般的な印象では、敵は腰を屈めてにたにた笑い、眼鏡を掛けたガニ股のチビで、玄関で靴を脱ぎ、寺院では帽子を被ったまま参拝する。生け花に情熱を持ち、三十一文字の短歌を詠む。自らの創造力は持たないが、見たものすべてを模倣する。装備と言えば、オイル漏れの燃料ラインと壊れた望遠鏡で、砲弾は真直ぐ進まず、見かけ倒しの戦艦はトップ・ヘビーで、ろくな火器や装備を着装していない。ところが、偉大なる敵様は、そんなカ

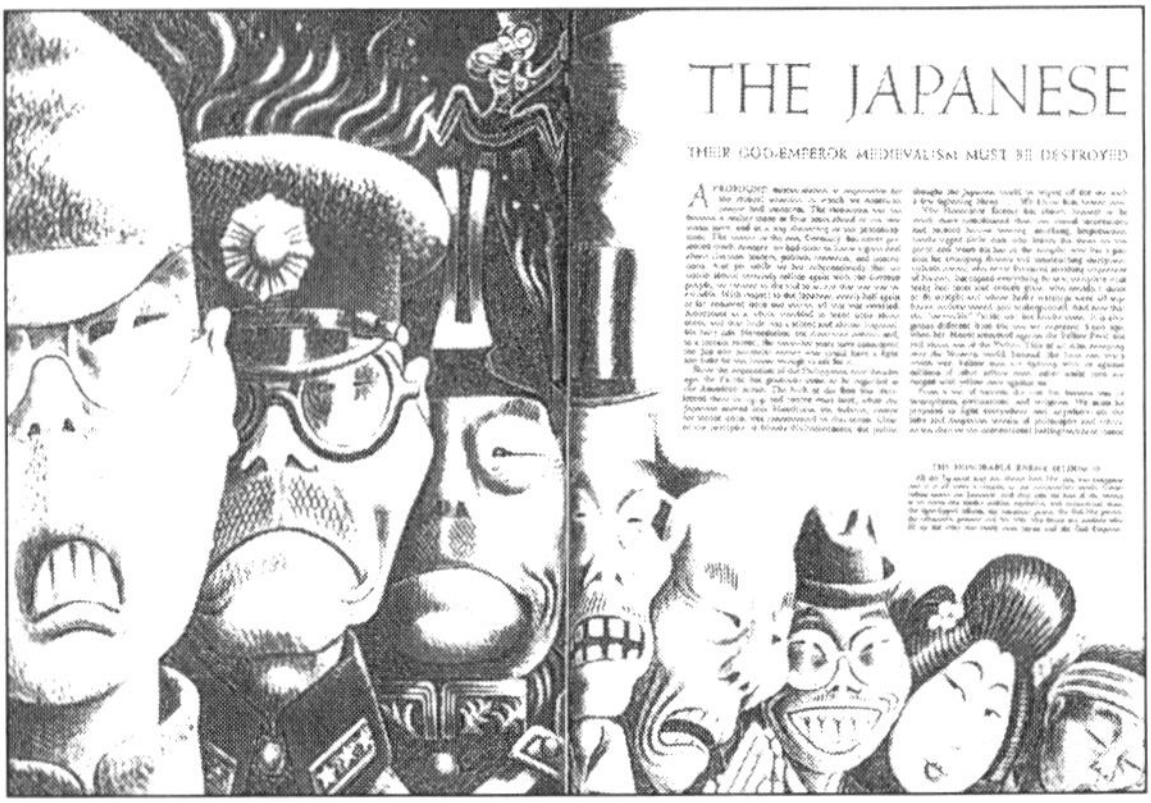

ミゲル・コバルビアスが描いた日本人
（『フォーチュン』1942年2月号）

リカチュアとは大違い、厄介な存在であることを見せつけてくれた。

このカリカチュアはメキシコの画家ミゲル・コバルビアス（Miguel Covarrubias）が描いた。キャプションには、「すべての日本人はこうは見えないだろうが、誇張は漫画家の武器だ」とある。

ついに、「不可避」の太平洋戦争に突入した。戦いは我々が予期したものとはまったく異なる展開を見せた。ハーストが数年前から喚いていた「黄禍」とは、「アジアからの黄色い潮流が欧米世界を席巻するだろう」という悪魔のキャンペーンであったが、現実は、黄色い潮流どころか、敵の艦隊までもがやって来てしまった。

日本はナチよりも扱い難く、危険な側面を持つ。アメリカは二つの敵を一度に相手にする失敗を犯した。日本人はサムライの伝統、独裁者と国家体制への絶対服従、秘密警察、その現人神《あらひとがみ》である天皇崇拝から、「東のプロシア人」と呼ばれてきた。事実、日本はヨーロッパより前から全体主義的国家を形成し、国を常に操ってきた封建的な寡頭政治は、独裁者なき独裁政権であった。

『フォーチュン』一九四二年二月号

以下、明治維新以降の日本の歴史が、明治天皇の肖像写真や日清・日露両戦争の勝利の錦絵と共に綴られている。また、一頁を割いてメトロポリタン美術館所蔵の国芳の筆になる浮世絵を掲載している。図柄は生首を斬ってぶら下げた山本勘助（兵法に秀でた武田信玄の軍師）を描いたもので、勘助はサムライの範たる存在であり、パールハーバーの山本五十六提督とは同姓である、とのキャプションが添えられている。ヤマモト憎し、ジャップ憎しが溢れた記事である。

『敵国日本』

真珠湾攻撃から三ヶ月を経ずして出版され、アメリカでベストセラーになった『敵国日本』という小冊子がある。著者のヒュー・バイアス（Hugh Byas）は、日本で発行されていた英字紙『ジャパン・アドバタイザー』の記者や論説主幹で、ロンドンの『タイムズ』や『ニューヨーク・タイムズ』にも東京発のニュースを送稿していた。バイアスは一九一四年から一九四一年まで、都合二回、二八年間に及ぶ東京特派員生活を続けた。スコットランド生まれで訛りの強い英語を話す、飛び抜けた日本通であった。

一九四一年、身に危険が迫り、日本での取材を諦めてアメリカに渡ったバイアスは、クリーブランドで真珠湾攻撃のニュースを聞いた。そのニュースを耳にした時、彼の心に拡がったのは、あの「日本海軍」が攻撃を仕掛けて来たという衝撃だった。四半世紀を日本で過ごしたバイアスは、外国人記者にも誠意をもって応対する日本海軍に信頼を寄せていた。

ドイツの流れを引いた陸軍と違い、イギリスをモデルにした海軍は合理的であり、彼我《ひが》の戦力を科学的に分析する能力を有していた。日本海軍はアメリカの圧倒的な資源の豊かさを知っているから、戦争遂行の責任を拒否するだろう。開戦については、海軍が最終決定権を握っている。海軍が立たねば、日本が戦争を仕掛けることはできない。

ヒュー・バイアス『敵国日本』

アメリカでベストセラーとなった『敵国日本』は、交換船で引き揚げて来た日本人によって密かに日本へ持ち込まれた。この辺の事情は、戦後、『敵国日本』の全訳を掲載した雑誌『世界』の創刊号（昭和二一年一月刊）に詳しい。吉野源三郎が書いた（と思われる）前文には次のようにある。

『敵國日本』は「日本の國力と弱點」という副題の示すやうに、アメリカが新たに敵として迎えることになった日本（今や完全に軍部の集團的独裁下に立って大膽に打って出た）の國力を冷静に分析し、その軍事力の侮りがたい強大さについてアメリカ人に警告すると同時に、その致命的な弱點を剔抉して終局におけるアメリカの勝利を結論し、最後の章で「如何に日本を打ち破るべきかを論じたものである」。それはどこまでも冷静な批判に立脚し、決して單にアメリカ人の對日敵慨心を煽ることを目的としたものではなかった。だが、それにも拘わらず、この書は忽ち大きな反響を呼んで數十萬部の賣行きを示したという。

『世界』創刊号

『敵国日本』の翻訳書は、憲兵隊の嗅ぎ付けるところとなり、検閲局によって発禁処分にされた。しかし、官憲の網を潜って、謄写版の翻訳書が政府高官や有力者の間で廻し読みされた。『細川（護貞）日記』には「高松宮にもこの書を読むことを勧めた」という記述が残っている。

『世界』は、戦後その謄写本の一冊を手に入れて掲載したので、誰がこれを翻訳したかも分かっていない（外交官の牛場信彦か、近衛側近だった兄の牛場友彦が翻訳したという説がある）。次はその一部からの引用である。

真珠灣攻撃の聖斷が下る前には最も嚴粛な御下問「全責任は海軍にある。海軍はよく帝国を護ってこの一戦を戦ひ抜く用意があるか」といふ意味の最も重大な御下問が、海軍に下され、そして「全身全霊」の奉答が促されたに違いない。　ヒュー・バイアス『敵国日本』

陸下の御下問に、海軍は「イエス」と答えたのである。それは、たとえ幻想であるにしても、冷静に計算し尽くされ、到達した結論である。「しからば、日本海軍はどのような策を持っているというのか？」とバイアスは訝《いぶか》っている。ラジオは「チビのジャップを叩きのめしてやる」と喚き立てているが、バイアスはそう簡単にはいかないぞとして、日本の戦略と戦力を分析する。彼の戦争予測は、日本という国家のあらゆるエネルギーが戦争に向けられていること、日本は国力のすべてを「侵略」に凝集した「侵略国家」であり、簡単に叩きのめすなど難しい敵である。連合国も「気持ちで戦い抜く」不退転の決意がなければ、という警告から始めている。

「日本を動かす人たち」の中で、彼は天皇が数世紀にわたって政治の実権者ではなかったこと。明治以来の日本は長老政治家が軍部と官僚のバランスを取り、天皇は神として祀り上げられ、直接統治はしていないこと、天皇ヒロヒトは平和愛好者であり、内大臣、宮内大臣、侍従長、式部長官からなる宮中組織が天皇を取り巻いているが、彼らはみな保守的で平和主義者であったとして、『フォーチュン』の分析と変わるところがない。

さらに「日本の強さ」では、アメリカに次ぐ近代海軍を持ち、現役勤務で百万を超す兵員を持つ陸軍と、未知数ながら強力な空軍がある。そして、南進して資源を手に入れた敵は油断のできる相手ではないとしている。

日本は自分たちが支援なく孤立していることを知っている。ドイツが負けることもあり得ると読んでいる。戦略的近視眼というよりも、心理的な視野の狭さが日本人の致命的欠陥であり、日本の軍人は過去二〇年間中国を研究して来たが、中国人を理解してはいない。彼らは規則や命令には忠実だが、新たな規則を考え出さなければならない状況では、必ず破綻する。衝動としては、ただひとつ本能的な死の選択があり、これが、彼らにできるすべてである。

日本を打倒するか否かは、アメリカが持つ圧倒的な発明力と技術力生産ラインに掛かっている。

ヒュー・バイアス『敵国日本』

バイアスは続いて、「ジャパニーズ・プロブレム」という論文を『エール大学レビュー』に発表し、戦後の対日政策について触れる。

日本には無条件降伏を要求すべきである。日本の知識階級にはリベラルな側面があり、軍部崩壊後、それが成長することを期待できる。戦争責任を誰に負わせるかは、日本人に任せるべきである。憲法改正を押し付けても益がないし、今後、太平洋の平和のために日本の協力が必須であるから、将来、日本を加盟させ得るような機構を作り上げるべきである。

ヒュー・バイアス「ジャパニーズ・プロブレム」―『エール大学レビュー』

ベストセラーの『敵国日本』や『エール大学レビュー』の彼の論文を、『フォーチュン』の日本特集を企画していた編集スタッフが読んでいないはずはない。編集部はエール大学卒業生で溢れていたのだから。

バイアスの『敵国日本』や「日本問題」での対日戦後処理についての考え方と、『フォーチュン』の日本特集号と比べると、かなりの類似点がある。雑誌と単行本を単純に比較はできないが、バイアスには滞日二八年に及ぶ特派員としてのキャリアがある。一方、『フォーチュン』はアジアや日本を体験したプロフェッショナルを編集スタッフに擁していた。ルースは徹底的に日本と日本通を嫌っていた。『フォーチュン』日本特集の編集スタッフは、中国通で固められていた。『敵国日本』と『フォーチュン』との違いは、書き手が「ジャパン・ハンド」か「チャイナ・ハンド」かである。

『タイム』の蒋介石報道

一九四三年、河南省に大飢饉が発生した。ニューヨークから戻ったテディ・ホワイトは、直ちに河南省へ急行し、飢える数百万の難民をレポートした。馬で取材していたホワイトは、鞭を振って難民を掻き分けて進んだ。さもないと、飢えた群集が馬を殺して喰い、自らも飢饉の中に取り残されて死ぬしかなかったからであった。飢餓の最大の原因は、蒋介石の軍隊が穀物税を貧農から取り立て、飢える難民に穀物を送ろうとしないからだった。

一九四三年三月二二日の『タイム』に、蒋介石の無策を厳しく非難するホワイトの記事が掲載された。記事は絶大な効果を上げ、蒋介石の中国を支持するアメリカに衝撃が走った。ハルバースタムは、ルースとホワイトの関係を次のように分析している。

ルースは、（ホワイトの）記事の真実ではなく与える影響を心配した。蒋介石にあまりに批判的ではなかろうか。すでにアジアに興味を失っているアメリカ人が、さらに孤立主義へ走るのを正当化しないか。中国への援助を嫌がり始めているアメリカ政府が援助を減らす口実にしないか。

デイヴィッド・ハルバースタム『メディアの権力』

ホワイトは蒋介石体制の腐敗と非人間性を次第に許せなくなっていた。蒋介石は中国の敵であり、共産党こそが中国を救うとホワイトは考えていた。しかし、その後の彼の報告は『タイム』ではカットされるか、大幅に編集し直された。中国共産党こそ日本との戦争遂行の任にあたるべきだ、というホワイトの主張はルースを激怒させた。

第八章　嫌われた日本

四四年四月号の『フォーチュン』に日本の植民地をレポートした章がある。「ジャップがマニラを占領した日」と「大東亜共栄圏」の二つの章である。

「大東亜共栄圏」は"Asia For The Japanese"の訳なので、「日本人のためのアジア」とすべきかもしれない。

この二つの章をレポートしたのはタイム社の記者シェリー・スミス・マイダンス（Shelly Smith=Mydans）である。特集号の編集長はシェリーを次のように紹介している。

グリップスフォルム号（引揚交換船）には、『ライフ』のカメラマンのカール・マイダンス（Carl Mydans）と、彼の妻シェリーが乗っていた。彼女は「日本人のためのアジア」〈大東亜共栄圏〉と「ジャップがマニラを占領した日」の二章を執筆している。八ヶ月半に及ぶマニラでの抑留の後（そこで彼女は毎日三時間、コメにたかった虫を摘み出す作業をしていた)、夫妻は軍用船で中国に送られ、上海の収容所に入れられた。シェリーはマニラで日本兵がフィリピン人を殴るのを目撃した。上海でも中国人が同じように扱われているのを見て、「アジア人のためのアジア」の真の意味を悟った。

『フォーチュン』一九四四年四月号、『縮刷版』共通

シェリーはコクゾウ虫を摘み出す仕事をしながら、日本人を観察してこれを二つの章にまとめた。日本軍は夫カールのカメラは取り上げたが、彼女の記憶までを消すことはできなかった。この二章は『縮刷版』にも同じ内容が掲載されている。

ジャップがマニラを占領した日

言葉と契約で誘惑して、野蛮な統治で支配する日本の植民地政策は、フィリピンでの経験に基づいている。

日本軍による占領は最初は模範的だった(マニラ市は「オープンシティ」=非武装都市宣言がなされていた)。マニラ市内に入って来た兵士は命令に従い、問題を起こすこともなく軍紀は保たれていた。にも拘らず、フィリピン人はアメリカの伝統に忠誠を誓い、アメリカ人の捕虜に友情を示した。これは日本が解決しなければならない厄介な問題であった。バー

ガス（Jorge B.Vargas）マニラ市長は、市に侵入して来た日本軍にとりあえず市を解放し、命令に従うようにと大統領からの指示を受けていた。日本の占領軍司令長官の最初の仕事は、バーガス市長とマニラ市を共同統治する方法を詰めることであった。

フィリピンで成立した日本の軍事政権の第一の目標は絶対的支配権の確立であり、本国が強く求めたのは、フィリピンの富を奪うことであった。どんな軽微な違反でも死罪となるような一七項目の反日活動禁止法令が布告された。日本軍の歩哨にお辞儀を怠っただけで、マニラ市民は殴られ、暑い歩道に一日中放置された。ある者は日本人が押収する筈の財産を盗んだかどで、あるいは、日本人が封印した財産の封を破ったという理由で、監獄に入れられたり撃たれたりした。

日本人は軍票（ミリタリー・ペソ）を使って買い物をした。軍票は日本で印刷され、サインもシールもナンバーもなく、払われる当てもない代物であった。何の価値のない軍票という「札」がフィリピン人に押し付けられ、それ以外の通貨は禁止された。学校は閉鎖され、教科書は廃棄されるか、書き直しをさせられた後、再開された。郵便切手も「US連邦」という印刷があるのは通用せず、「フィリピン政府」と印刷された切手だけが通用した。日本人の移住と土地所有の制限は直ちに廃止された。日本の市民は収容所から釈放され、軍に従うものには望む家と仕事が与えられた。

フィリピンのすべての島で組織的な略奪が始まった。軍隊を運んで来た日本の輸送船が帰りには荷を満載して出航して行く。積荷は、自動車やトラック、冷蔵庫、武器、機械、港湾・航海用品、道具、金属、機器、綿、缶詰、米、果てはアメリカ人やフィリピン人から盗んだ身の廻りの品や家庭用品まで、すべてに及んだ。日本の民間人が、隊の所属を表わす記章を付けたままのアメリカの軍服を着て、街を闊歩する姿も見掛けられた。

やがて、フィリピン人の心の奥に潜むスペイン・カトリックの教義やアメリカ流の民主主義と自由などが、フィリピンを支配する上で障害となっていることに日本人は気付いた。彼らはカトリック教会を味方に引き込み、アメリカイズムを根絶することでそれを解決しようとした。アメリカ流のやり方を批判するポスターが街のあちこちに貼られ、民主主義、自由主義、物質主義という「悪魔の考え」をおかしいとするスローガンが流され始めた。

バターンの戦闘では、アメリカ兵はフィリピン人だけを戦わせ、自分たちは防空壕の中で「ウィスキーと女とコカ・コーラ」で遊んでいた、という噂が流された。軍の情報宣伝局の指示の下に、地方の行政庁が地方新聞の一部を閉鎖したり、編集方針を転換させたりした。ラジオの短波放送は禁止されたので、フィリピン人は日本によるプロパガンダ放送しか聞くことができなかった。

フィリピン人はもし「アジアにおける地位を真に獲得しようとする」なら「日本流の精神

的な価値」を学べ、そして、「日本人の指導の下に慈善を行う」ことを神に感謝し、「労働のための労働を喜ぶ」ように強要された。

民衆に思想を強制するキャンペーンでは、日本人はフィリピン人を自分の連隊でするように扱おうとした。しかし、四百年もの長きに渉り、個人の自由の尊厳という西欧的な考え方に慣れ親しんだフィリピン人を説得するのは、容易なことではなかった。こうした日本人による圧政の下でレジスタンス運動が拡がって行った。

日本の軍政部による初期の政治的な努力は成功した。すでに存在するフィリピン人の行政機構を上手く利用することによって、戒厳令を敷かずにマンパワーを浪費することを避けられたのである。

一九四二年一二月、占領から一年後、日本人はすべての政党、結社、集会に対しその自由を許可した。彼らが「自ら問題を解決する」ように、新しい力を持つ侵略者に協力的で「政治にかかわることのない」グループに加わるように、誘導したのである。このグループはカリバピ（新フィリピン再建公社）と呼ばれた。カリバピは「フィリピン人が伝統として持つ東洋的な徳、たとえば、愛国心とか武勇、修養、勤労による奉仕などを育成する」ことを目標とした。カリバピは、東京からの命令に基づいて、将来の「独立した」フィリピン共和国を創るための憲法草案を準備し、批准するための組織であった。最近では、その使命が日本人とその傀儡政権に対する組織化されたレジスタンスを一掃することに取って代わっている。活発なゲリラ活動が諸島全域に拡がったからである。

フィリピン人を支配から逃れられぬようにするため、日本人は住民を互いに監視、スパイするように「隣組」(Neighborhood Associations) 制度を組織した。国勢調査で登録された住民はすべてこの「隣組」に入れられた。そのIDカードを持っていないと、仕事にも就けず、移動もできず、米を買うこともできなかった。

メンバーのひとりが、その地域の平和と秩序維持の責任者として「組長」にされた。もし反日活動が疑われると、彼も「隣組」も一蓮托生であった。これは非常に意地の悪いやり方を支配のために導入したもので、グループ単位の脅迫や懲罰は「地域ぐるみ」と呼ばれた。鉱山や工場の事故でサボタージュが疑われたり、家の中や公的な建物で武器が発見されたり、不平の囁きが立ち聞きされた時など、隣組全員が一番近い避難所(だいたい教会)に集められ、二、三日、食糧も水も与えられずに放って置かれた。そして、誰かが生け贄として選ばれ、「隣組」全員の面前で卒倒するか、死ぬまで殴られた。周期的に日本の役人がやって来て、「説教」していった。「アメリカの退廃主義を改め、日本の生活様式の優秀さを学びなさい。いま、我々はそのための意識改革を押し進めている」というものであったが、来訪の真の目的は、ゲリラを隣組から締め出すことであった。

マニラ市庁舎に翻る日の丸と市民と語る日本兵
（日本軍の宣伝ビラから）

日常生活では自尊心を傷つけられ、平均的な市民は家族に米を買う余裕など最早なく、飢えや拷問に耐え、フィリピン人は日本人への反抗心を募らせて行った。

次第に、フィリピン人に対するプロパガンダや政策は柔らげられて行った。昨秋、独立（その擬《まが》いものとでもいうべきか）が、傀儡政権に与えられた。今や日本人は戦前のフィリピンの政治家のほとんどすべてを（名前だけでも）使うことができた。これらの人々（大多数はその意志に反して勝手にしてやられたのだが）は、日本の政治工作の隠れ蓑として、「お飾り」に据えられた。やむを得ず日本に協力している傀儡の多くは、フィリピンがアメリカに戻ることを望んでいる。しかし、彼らは言動に注意し、公私に渉って日本に忠誠を誓わなければならなかった。この苦しい立場をフィリピンの大人は理解するだろう。大人たちはアメリカの下での生活を知っている。だが、日本風の学校で育ち、日本のポスターを見てそのプロパガンダに導かれて、厳しく統制された教練を受け、日本の青少年層と交わった若いフィリピンの少年少女たちは、両親の囁く警告をどう聞くのだろうか?

『フォーチュン』一九四四年四月号、『縮刷版』共通

大東亜共栄圏

「大東亜共栄圏」の章もシェリー・マイダンスの記者としての取材と収容所での体験を基にまとめられた。リードには「**小さな日本のいかさま野郎が征服した地域で暴走している。彼らの大多数は愚かで残忍である**」とある。

現地の少女と縄跳びをする日本兵は、アジアで撒かれた日本の宣伝ビラに載っていた写真である。ビラにはシンガポールで白旗を掲げて降伏したイギリス軍、バターンの米海軍基地を占領した日本軍、日章旗を掲げた戦車隊を歓迎するインドネシアの人々や連合艦隊の威容、キャプションは、カタカナ、中国語、安南語、タイ語、マレー語、ビルマ語、英語と

現地の少女と縄跳びをする日本兵
(アジアで撒かれた日本の宣伝ビラから)

七ヶ国語が添えられている。
シェリーはアジアにおける日本人の振舞いを次のように記している。

大量の日本の民間人が徴用を受け、あるいは本国の官庁から引き抜かれて各地の軍政部の下で働いている。南方で働く民間人は二百万人にも及ぼうとしている。彼らの中には、日本政府の南方開発研修所で一ヶ月ほど教育を受けた者もいるが、多くは行政に不向きで、ただ威張り散らすだけである。
こんな連中が「独立国」の政府や日本の軍政部で、省庁の次官や顧問、大臣や助言者として名を連ね、会社、銀行、工場、開発計画、製品輸出を独占し、監督や指揮をして占領地の民衆の生活に浸透しようとしている。

彼らは声を大にして、アメリカ、イギリス、オランダの帝国主義者を批判し、それに入れ替って、地域住民の上に立って暮らしているのである。特別区の最高級の住宅を召し上げ、それが男のプライドだとばかりに、現地の女を雇っている。

占領初期においては、民間人は兵隊のやり方を真似て、住民を殴り、蹴り、拷問をし、果ては盗みまで働いた。突然、侵入してきた日本のチビのいかさま野郎が、一夜にして、西欧の大国の植民地資産をそっくり継承し、民衆の上に君臨したのである。見るからにいけすかない軍属用の制服か、寸法が合わない白服を着て、降って湧いたような特権に酔い痴れ、日本の伝統である礼節を忘れ、僅かの期間に住民の怨みを買っている。この修復には大変な年月を要するだろう。

昨一一月の大東亜共栄圏会議で東条首相の行った「他国の民族を見下すような言動は将来に禍根を残す」という演説は、最早手後れであり、アジアの民衆の心はとっくに日本から離反している。日本のいかさま野郎のしていることは、西欧の侵略者の犯した間違い以上の傍若無人ぶりである。

日本は富を摑んだ

日本はここ三年で「持たざる国」から「持てる国」へと変わった。支配する地域から産出する原料や資源は、世界の総生産量のうち、ゴムが九五%、スズ七〇%、コプラ八三%、ヤシ油九七%、キニーネ九〇%、米七〇%を占める資源大国になった。

果たしてその資源を活用できるかどうかであるが、問題は資源の加工工場とそれを輸送する船舶である。工場は不足し、造船も心臓部のエンジン製造が追い付かない。一九四四年春の段階で、就航可能の船舶はおよそ三百万トンと推計される。わずかこれだけの船舶を広範な共栄圏に分散して配置させざるを得ない。「もっと船を」と政府はネジを巻くが、建造が追い付かず、失われて行く船舶数が建造数を上廻る。大東亜共栄圏を維持する輸送力がないのである。ゴムの市場は失われ、倉庫に溢れた米は腐り始めている。宝の持ち腐れである。

開戦当初、日本軍は破竹の進撃をした。南へ西へ休むことなく、陸海軍は攻撃、せん滅、前進を繰り返した。その後に占領地域は残ったもののその物資を確保する暇はなかった。占領地の民政、植民政策どころではないのである。

新規の占領地域を植民地化する役割は、野心に満ちた民間人に委ねられた。彼らのすることは、

一、各地域を「自給自足」とする、経済上の分割統治をする。

二、各地域内で対立する勢力を利用して、被征服民族間の民族主義を煽り、政治的に分割統治する。
三、アジア人のアジアと言いつつ、そっくり日本化を図る。
四、占領地の要所はすべて独占する。
という四つに集約される。

大東亜省は、共栄圏諸国のいくつかには政治的独立という大義名分を与える一方、占領地の住民を叱咤激励して、日本に役に立つものを作らせ、しかも食糧は自足せよという作戦である。大東亜省は前の南京傀儡政権の最高経済顧問で、対満州事務局長を経験した青木一男、通称「ドロ亀」が大臣を務めている。大東亜省の狙いはアジアの弱小民族を集め、経済的、政治的に支配することであったが、それぞれの民族意識があまりに強烈で、共通の要求や革命などは育ちそうもない。強いてこれを結び付けるものは、同じアジア人だから、お互い手を携えて「英米の帝国主義」に立ち向かおうというのが精一杯である。

日本の植民地経営は、日本に同化させることを強制することから始まる。韓国で強行した政策と変わらない。韓国では日本語を公用語として教育し、一般市民に改姓を強い、神道を強制して神社を祀った。一九四二年には朝鮮人も皇軍に編入させられた。

南方地域においても、まず、西欧思想の一掃に努め、学校をいったん閉鎖し、日本風に改めて再開する。それによって、日本のお陰で教育が受けられるようになったと思わせるのだ。学校制度を改め、日本語は必修科目となり、それぞれの言語は日本語に次ぐものとしてこれを認めたが、西欧の言語は排除された。

日本は占領地から欧米を一掃すると言いながら、すべて日本化するとは言わない。民衆を宣撫するにあたり、タイやビルマでは仏教の手を借り、フィリピンではカトリックを利用する。「大東亜共栄圏の諸国は、同じ仏舎利を捧持し、共にこれを拝するものとして密接な繋がりがある」と言う。

日本の迎合政策の最たるものは、政治的「独立」の承認である。ビルマ、フィリピンの独立政府を承認し、中国、タイでは傀儡政権を樹立する。中国の汪精衛、タイのピブン・ソンクラム、インドネシアのスカルノ、インドのスバス・チャンドラ・ボースらは日本に擦り寄ることで、自ら民衆の信を失いつつある。

南方地域で避けて通れない問題は華僑である。南太平洋の全域で、中小企業、商業、両替、金融業は華僑が実権を握っている。サイゴン（現在のホーチミン市）では米穀市場を独占し、インドネシアでは中小企業を掌握し、フィリピンでは農民に金を貸し付けている。シンガポールでは人口もマレー人を上廻り、大金持も稀ではない。戦前は彼らが重慶の中国自由政府に献金を続けてきた。これらの華僑に対して日本は厳しく迫り、汪精衛南京政府に忠誠を誓わせ、献金させた。他の者には、地域の経済破綻の責任を背負わせ、住民の非難の鉾先を彼らに向けさせる。蒋介石に忠誠を誓う者は投獄されるか処刑された。

中国人は日本人を軽蔑し、フィリピン人は憎悪する。「我々に日本と共通するようなものは何もない」と訴える。日本の進駐がもたらしたものは、あまり高くもなかった生活水準の急降下であり、飢餓と失業と自国が戦場となる日が来るかもしれないという恐怖である。

これに対する日本の宣撫工作は、日本文化協会の設立、日本への使節団、訪問団の派遣など多岐に渉るが、逆効果である。こうした文化工作以外にも、スローガン、ポスターやメディアによる短いコピーがある。「アジア人のアジア」「共存共栄」「四海同胞」などという言葉が叩き込まれる。日本の宣撫工作の大半は、西欧列強に対する敵愾《てきがい》心を煽るパターンである。日本がこれらの諸国から撤退しようとも、彼らはあらゆる手段を尽くして、軍事、政治、経済面での妨害工作を仕込むだろう。その回復を図ることはかなり難しい。

『フォーチュン』一九四四年四月号、『縮刷版』共通

この二つの章は、若干の加筆がされて、『縮刷版』にも掲載されている。

日本の植民地政策についてレポートした四四年四月号の『フォーチュン』を『縮刷版』が再掲したのは、奪い返した植民地をどう扱えばよいのか。日本の宣撫工作によって、南方地

域の住民が以前とは異なり意識改革に目覚めているのだということを、これからの進駐のために情宣しようとしていた。日本によって注入された「アジア人のアジア」「共存共栄」「四海同胞」「民族独立」といった言葉を、アジアの人々がどう咀嚼したか、そして、それが戦後の外交にどのような影響を及ぼすかまで言及している。

第九章　小さな産業と大戦争

『フォーチュン』四四年四月号で、経済の分析から日本の敗北を予測したのが、「小さな産業と大きな戦争」という章である。記事には署名が見あたらないが、ガルブレイスは後に「この章を書いたのは自分だ」とNHKのインタビューに答えている。

記事は日本の工業力を、地理上の分析から始める。

空爆に弱い工業地帯

日中戦争以来、日本は驚くべきスピードで重工業化を成し遂げた。製鉄、化学、自動車、及びその他の重工業であり、それに必要とする資源を太平洋戦争の最初の三ヶ月で手中にした。占領したフィリピン、マレー、タイ、ブルネイ、スマトラ、ジャワ、ビルマの資源を合わせれば、日本は豊富な資源を手に入れたことになる。しかし、これらの資源でやっとスタートしたばかりの重工業を伸長させるには、平和時でも時間が掛かる。まして、戦時においてはこうした資源を巧みに搾取することは難しい。日本の工業化の足跡を辿ると、その発端は鉄鋼ではなく生糸である。陸海空軍のための軍需工場は、二〇世紀以降のことでしかないし、規模もしれている。

日本の誇る工業の心臓部は、地理的に言えば、ニューヨークからワシントンまでの間の距離にあると言ってよい。爆撃機をもってすれば一時間足らずで俯瞰《ふかん》できる。これが工業地帯であり、日本はドイツに次いで空爆に備えなければならない。そうなっていないのは、戦略的に重要な工場が国内だけでなく、満州や華北に疎開を始めているからであろう。しかし、ほとんどの工場は、労働力を得やすい六大都市にあると見て間違いない。

『フォーチュン』一九四四年四月号、『縮刷版』共通

ガルブレイスは日本の軍需産業のベルトゾーンは、爆撃機ならば一時間のフライトで俯瞰が可能で、爆撃が始まれば、ひとたまりもないことを指摘する。

この頃ヨーロッパ戦線では、イギリス空軍による空襲が夜間、ドイツ各都市に繰り返され、無差別爆撃が市民を恐怖のどん底に突き落としていた。一方、アメリカは空飛ぶ要塞と呼ばれたB－17爆撃機に絶対の自信を持ち、砂漠に描かれた眼鏡を掛けた昭和天皇の似顔絵をターゲットに日本爆撃の訓練を繰り返して、その精度を高めていた。イギリスに遅れてド

イツの空爆に加わったアメリカ空軍は、その効果をドイツ各都市で十分確認してから、日本の都市を襲ったのである。

満州開発と新興財閥

日本の工業の特徴は、地理的集中ばかりでなく、その資本がごく少数に集中していることである。資本主義の歴史を見れば、多数の競争から少数の独占が生まれるものだが、日本では、一気に「財閥」という独占支配形態が生まれ、産業をほんのひと握りの一族が支配しているのである。

一九三〇年代までは、国政までもがこれら巨大資本の独占下にあった。財閥は帝国議会における勢力が拮抗している二大政党の双方に投資し、警察を動かして無産階級には不平を言わさぬように、労働運動などは問題にせぬようにし、ひたすら企業の拡張、利潤の拡大を続けて来た。

二〇年代終りの世界大恐慌でも、三井、三菱は擦り傷ひとつ負わなかった。しかし、軍が反財閥ののろしを上げ、ドル買いで巨利を占めたとして、一九三二年、三井の大番頭団琢磨が右翼に暗殺されている。こうして、軍と財閥の対決という構図が生まれた。ここ数年来の日本の事件は軍と財閥の勢力の角逐と見ると説明が付く。

『フォーチュン』一九四四年四月号、『縮刷版』共通ガルブレイスは日本の工業の特質を、「財閥」という特異な存在による独占支配に起因すると指摘する。

一九三六年九月号『フォーチュン』は、「産業の独占的統制が極端に進んでいることは、一五ほどの財閥が貿易と産業の七〇%を握っているという驚くべき事実からも明らかである。財閥のうち、三井、三菱、住友、安田、澁澤、川崎、山口、鴻池が全体の五〇%以上を支配し、三井、三菱、住友で、全体の約二五%を占めている」とある。その証左として、産業別の平均配当率（一九三五年上半期）の高さを掲げている。

もう一つ、三六年の日本特集が指摘したのが「日本株式会社」（Japan Incorporated）が生む利益構造である。「日本株式会社」とは財閥が国家と結び付き、会社経営者が国家体制と一体化して統一された産業計画を持ち、利益を追い求めて、国際競争の優位に向けて国を挙げて努力する構造を指している。四四年の特集で、ガルブレイスは満州で軍と手を結んだ新興財閥について触れる。

軍は、軍専属の財界人を必要としていた。満州で産業に一役買い、利潤の分け前に預かりたい者は、軍の言うことをおとなしく聞けというわけである。満州開発は軍の厳重な監督下にあった「南満州鉄道」に委ねられた。一九三七年、鉄、石炭などの鉱山を始めその他の重工業一切の経営は、満州重工業開発会社の手に移されることになる。その社長が鮎川義介である。鮎川は持株会社「日産」を創立、傘下には数え切れないほどの生産会社（一九三八年現在、日立製作、日立電力、日産自動車、日本化学工業、日本油脂、日本水産、日産ゴムなど七七社）を擁している。

『フォーチュン』一九四四年四月号、『縮刷版』共通

彼の解釈では、中国への投資リスクを避けようとする三井や三菱に代わって、関東軍が自分の言いなりになる鮎川財閥を見付けたということになる。

高度成長の日本経済

日本経済の分析について、一九三六年のマクリーシュと、その八年後のガルブレイスの記事には、どのような違いがあるのだろうか？

一九三三年、大恐慌後の経済再建策として、ローズヴェルトはニューディール政策を打ち出した。巨大国家プロジェクトを推進し、公共事業を興して雇用を生み出し、崩壊寸前の銀行や企業の再生を図る。インフレの惹起で下落した物価を引き上げるなどの政策は、危機に瀕したアメリカ経済へのカンフル注射であり、「管理された資本主義経済」への移行でも

あった。しかし、ローズヴェルトが提示した、政府を資本・労働の調整者として位置付け、アメリカ資本主義を運営しようとした「全国産業復興法」（三三年六月成立）は違憲判決を受ける。三六年、大統領再選に挑んだローズヴェルトは「民衆を味方に付ける」戦略として、ニューディール政策の舵を左に切る。いわゆる「ニューディールの左旋回」であり、これをマクリーシュは支持していた。

日本の産業は、資本主義、国家主義、共産主義といった国家の持つイズムや産業形態では括ることはできない。どの国家より統一された産業計画を持っている。国際競争の優位に向けては国を挙げて努力する。その結果、大恐慌以降、世界経済が停滞している中で、日本はいち早く高度成長軌道に乗った。

輸入に頼っている原料のコスト高は、安い労働力によって相殺され、不況で世界市場が縮小するのに反比例して、日本は自国のシェアを着実に拡大して行った。黄禍、ソーシャル・ダンピング、労働搾取と言われながら、日本の貿易額を示す曲線は上昇カーブを描き続けた。今や、日本製品は世界の市場に溢れ、国力は増大の一途を辿っている。三五年頃になると、欧米諸国はもう日本の成功について告発を続けることに飽きてしまう。

大きな戦争が起こらなければ当分このままだろう。しかし、二年以上に及ぶ大規模戦争が起これば、日本は疲弊し、経済の崩壊と社会革命が起きることはまず間違いない。

『フォーチュン』一九三六年九月号

四四年四月号で、ガルブレイスは日本の工業技術の弱点について、次のように指摘する。

維持できない大東亜共栄圏

日本の工業化は繊維産業から始まった。その技術水準をもって世界最高の性能を誇る工場を作り上げ、信じ難い程の安さと投げ売りのような価格で、三三年には英国を抜き去り、世界の覇者となり今日に至っている。

第一次大戦後はそれに軽工業が加わり、さらに、戦争の備えに必要な重工業へとシフトする。三七年からは、重工業は銀行の借款を自由に得ることができ、直接税までもが免除される。三八年にはリンク制が導入され、原綿の輸入許可はそれと同量の輸出を条件とした。しかし、アメリカの日本資産凍結と戦争の勃発によって、繊維などの平和産業の多くは閉鎖のやむなきに至った。重工業生産は概ね良好と言えるが、戦闘用輸送車両の生産をする自動車工業、航空機に必要な特殊合金、特殊鋼の生産、ベアリングなどを造る精密工業など弱点もある。戦場に残された日本軍の電子機器を見てもかなり貧弱で、電波探知機など上手く作動していない。しかし、これらは工業の若さゆえであり、日本人の気性なり知力に欠けるところではないことを知るべきである。『フォーチュン』一九四四年四月号、『縮刷版』共通

ガルブレイスは日本の実質所得はアメリカの八分の一程度と読み、戦時経済を占うキーとなる鉄鋼生産は千二百万トン程で、新興工業国としては特筆すべき数字であるが、アメリカの八千八百万トンと比較するとマイナーリーグだと分析している。

戦時経済を測る第一の指標は物量である。工業力の差を示すのが航空機生産力である。日本の生産能力は多めに見積もっても月産せいぜい千機から千四百機で、その四分の三が戦闘機である。そして、今や撃墜率は生産のテンポを遥かに上廻っている。一九四四年のアメリカは、戦闘機だけでも月産八千機である。爆撃機に至っては比較にならない。戦闘機の性能も開戦時のＰ４０と違い、ゼロ戦の俊敏さは今なお変わらぬが、能力的には追い詰められている。

次に労働力の枯渇がある。人口七千三百万の国でこの問題が起きる原因は、内地の農業人口をぎりぎりのところ四〇％以下にはできないという事情がある。食糧は内地自給、物資は外地から運ぶという構造に問題がある。

戦前、世界第三の輸送船団を誇った日本も、その損失率が急上昇している。日本には大東亜共栄圏を維持する船舶の持ち合わせがないのである。

『フォーチュン』一九四四年四月号、『縮刷版』共通

敗戦後の日本の工業力について言及し、その潜在的なポテンシャル・エネルギーをどう復興に結び付けるかが鍵だと指摘する。

戦争が終わった後も、消費材の軽工業や近代兵器の生産工場が残っていて、原料の手当がついたとするならば、驚異的業績を挙げることも不可能ではない。日本にはこれを巨大工業に伸し上げるだけの潜在力はある。

戦争が終わっても、日本には、鉄鋼、造船、自動車、化学、機械工業などのいくらかが残るだろう。講和条約の際にはこれが重大問題となるに違いない。

『フォーチュン』一九四四年四月号、『縮刷版』共通

戦後、ガルブレイスは爆撃調査団としていち早く来日し、その後、日本と深くかかわるようになるが、この記事は彼が日本と正面から向き合った最初のものと言えよう。

第十章　戦後の対日処理

「戦後の対日処理」は『フォーチュン』四四年四月号に掲載され、『縮刷版』でもその全文が再録されている。

リードには、「打ち倒し、武装解除し、占領した後、我々が相手をすることのできる社会を自ら建設する機会を与えるのだ」とある。

「戦後の対日処理」のポイントは、天皇の戦争責任と天皇制を存続させるか否かであるが、他にも軍の解体、無条件降伏とは何か、占領軍による進駐、アジアの中の中国の位置付け、再軍備の阻止、教育改革、財閥解体、産業再編、農地改革、小作制度の廃止などの検討がされている。

戦後、進駐したマッカーサー司令部のスタッフは、占領行政については素人集団であった。マッカーサーの副官をしていたフォービオン・バワーズ（Faubion Bowers　当時少佐）は、一九七七年にCBSのインタビューに、「マッカーサーは彼の参謀であった将軍たちを占領行政の様々な分野に配置せざるを得なかった。彼らは政策に関しては素人集団であり、何を為すべきかよく知らなかった」と回想している。また、戦後すぐに米軍の爆撃効果を調査するため、国務省から派遣されたガルブレイスも、「占領軍は『フォーチュン』を行政の参考にしていた」と回顧している。『フォーチュン』縮刷版は進駐軍の将校達のポケットにあったのである。

国務省筋のシナリオ

アメリカ政府内で、早くから日本の戦後処理について検討を重ねていたのは国務省であった。しばらく『フォーチュン』から離れて国務省筋のシナリオを見てみよう。

一九四三年一月一日、国務省の特別調査部が改組され、政治調査部と経済調査部に分けられた。この頃から、日本の戦後の設計図を描く仕事が本格化する。

国務省主宰の機関としては、政府筋や民間を交えた「戦後対外政策諮問委員会」が、早くも一九四一年末に発足している。委員会はいくつかの小委員会を持っていたが、対日政策について検討したのは「領土小委員会」であった。

アメリカ政府の対日戦後政策大綱が形成されるプロセスは、

第一段階＝国務省の政治調査部が対日占領政策をさまざまな角度から分析し、それを戦後対外政策諮問委員会の領土小委員会に文書として提出。それを基に領土委員会が政策を立案。

第二段階＝戦後計画委員会の承認を経て、それが国務省の公式見解となる。

第三段階＝国務省と陸・海軍省の三省による調整委員会で審議される。

という三段階がある。

第一段階の国務省政治調査部から領土委員会に提出された三つの文書がある。最初のものは一九四三年五月二五日の「日本の天皇の地位」（T三一五）で、コボット・コビル（Cobot Coville）という日本の勤務経験のある外交官によってまとめられた。天皇制の存続と廃止について、そのメリットとデメリットを併記したもので、天皇制廃止のメリットは、狂信的国家主義とそれから生じる勢力を阻止できることであり、デメリットは、廃止の措置が国民を怒らせ、占領行政への非協力を惹起し、占領軍に対する反乱と復讐の誘因を創り出すとするものである。

一方、天皇制存続のメリットは、戦後の日本国内の安定を促進するのみならず、天皇をして、連合軍の占領政策、諸改革を行う手段として利用できる。憲法改正も早期に可能となろうとしている。ただし、天皇制を存続させる場合も、軍部による支配が再び生じないような措置を講ずる必要があるとしている。

第二の文書は、二ヶ月後の七月二八日に提出された。極東問題の権威として知られ、クラーク大学教授から国務省入りしたジョージ・H・ブレイカスリー（George H. Blakerslee）による「日本の戦後処理に適用すべき一般諸原則」（T三五七）である。ブレイカスリーは憲法改正を行い、日本の教育を国際管理下に置くことを主張した。

第三の文書（T三八一）は、同年一〇月六日、コロンビア大学助教授から国務省入りしたヒュー・ボートン（Hugh Borton）によってまとめられた「日本の戦後政治諸問題」である。それによれば、「連合国の対日戦後目的は、日本の再度の侵略を不可能とし、同時にこの侵略精神を生み出した経済的、社会的、政治的な諸要素を除去することにある」として、天皇制の存廃については、「廃止を望む論理は、軍部の独裁者から権力を確実に奪うためには皇室と天皇制の廃止を必要とする」というものである。しかし、「日本国民の天皇に対する忠誠心と献身は社会に深く根付いている。おそらく国民は天皇の戦争責任を問うことはない。天皇制は戦後日本のかなり安定した要素となる」とも見ている。三つの文書は両論併記ながらも、天皇制存続を支持する方向に傾いている。

領土委員会はこれらの文書を基に検討を行ったが、天皇制廃止を強硬に主張したのが『フォリン・アフェアーズ』の編集長ハミルトン・F・アームストロング（Hamilton Fish

Armstrong）であった。彼は「日本の国家体制をラディカルに改革することで、日本人にはっきりとした政治現実を突き付けるべきだ」「アメリカの世論は、天皇を戦争犯罪人と見做す可能性がきわめて高い」「天皇が真珠湾攻撃を止めさせることができなかった以上、戦争を終結させることができようか」と主張した。

天皇制廃止論は、軍国主義と天皇制は不可分であり、軍国主義の排除には天皇制の廃止が不可欠であるという主張である。

天皇制存続論は、軍国主義と天皇制は必ずしも不可分一体とは見ていない。天皇制は戦後においても国民の大多数に支持されるであろうから、天皇制を存続させ、アメリカの対日戦後目的達成のために利用すべきであるという考え方であった。

戦後の対日処理の問題は、戦後計画委員会（ＰＷＣ）の承認を経て、国務省の公式見解となり、国務省と陸・海軍省の三省による調整委員会（ＳＷＮＣＣ）を経るのであるが、国務省はローズヴェルト大統領の死後、バーンズ体制となり、グルー前駐日大使以下の知日派が遠ざけられたので、天皇制存続は国務省内では主流とは言えない状況にあった。

タイム社のシナリオ

パールハーバーから半年後、一九四二年五月号の『フォーチュン』に挟み込まれた冊子がある。「新しい世界秩序の中でのアメリカ」と題されたこのドキュメントの終章に「戦後処理」があり、ローズヴェルトとチャーチルが大西洋上で合意した「大西洋憲章」（戦後世界の指導原則を明らかにした）も付されている。この挟み込まれたドキュメントはタイム社の三雑誌の編集者による合同委員会の見解であるが、委員長レイモンド・L・ビュエルの署名記事となっている。発行時期からして、日本より独・伊をターゲットとしたものである。その序文はルース自らが書いている。

このドキュメントの出版は信念の所産である。国際連合が揺ぎない勝利を獲得するという信念に基づいている。今日、戦局は厳しく、未だ納得の行く連合軍の完全な勝利という想定を持つには至っていない。勝利と敗北が拮抗する現在、勝利することこそ重要である。

しかし、同時に、勝利した後の「戦後処理」を考える必要もあろう。戦いの努力に報いるためにも、戦後の可能性について論じることは、軍にとっても、市民にとっても、さらには敵にとっても、より良い未来を創造することになろう。今、アメリカにとって重要なことはロングスパンで目標を見据え、そのための提案をより現実的で具体的なものにすることである。アメリカが為すべきことについて、我々の中で意志統一がなされなければならない。自由にフランクに、そのことを議論しようではないか。

新しい世界秩序のために準備するというこの仕事は、政府の戦争遂行よりも世論に重きを置くことになろう。国民は戦争の勝利に対する戦略に貢献することはできない。しかし、平和を考え始めることはできる。この目的の遂行にあたって、プレスには議論の基礎となる情報の提供と再発掘の場を作る責任がある。『タイム』『ライフ』『フォーチュン』各誌の編集者や専門職による委員会が組織され、ビュエルを委員長として、戦後の問題と見通しについて議論が重ねられた。このプロジェクトは「新しい世界秩序の中でのアメリカ」と呼ばれ、第一集はイギリス連邦、特にイギリスに焦点をあてたものであり、順次、その他の地域を扱って行く。

ヘンリー・R・ルース『フォーチュン』一九四二年五月号　付録

このドキュメントでは敵は枢軸国とだけ記され、日本を名指しで論評してはいない。委員会の戦後処理案は、次のような骨子を持つ。

一、枢軸国を武装解除し、新しい国家体制が確立されるまで、大西洋憲章に基づき、一時的に管理下に置く。

二、数年を要するであろう新国家の再建の間、今次大戦で設立された統合参謀本部は継続される。

枢軸国の降伏は、そこを占領している単一の軍になされるのではなく、統合参謀本部に対してなされる。

三、枢軸国に進駐する軍隊は、国際連合から発せられる法と命令の下に、占領地域を統治しなければならない。

四、国際的な安全保障システムを機能させ、再建期間の終了を遂行するための軍事力を削減する。このシステムにより地域を整理し、ヨーロッパ国際軍事機構のような組織を構築する。

大西洋憲章で確認された武力行使の放棄、侵略国の武装解除、領土不拡大、民族自決、安全保障などを意識した具体的な提案となっている。第四の国際軍事機構の提案は、北大西洋条約機構（ＮＡＴＯ）の先取りと見ることもできよう。こうしたタイム社内の議論の積み重ねの上に、『フォーチュン』の「戦後の対日処理」の章は成り立っている。

日本人の手による改革

四四年四月号の『フォーチュン』が提案する「戦後の対日処理」の基本的なスタンスには、「改革案を提示するとしても、強制しないことであり、日本人自らの手に改革を委ねることだ」という姿勢がある。

我々の仕事は日本が新たな戦争を起こさないように戦意と武力を剥ぐことである。その目的の達成には、連合軍が最後まで無条件降伏に固執することだ。

無条件降伏とは、我々の言う条件での降伏である。もし、日本の懇願を容れ、東京に連合軍が進駐することを強く要求しないとしたら、体制に支配された新聞の情報に惑わされ、日本国民はまだ完全に敗北したのではないと思うだろう。国際連合は占領軍を日本に上陸させ、政治、経済の中心を押さえる力と意志を示さぬ限り、対日処理など論ずべくもない。我々は二度と日本と戦火を交えたくはない。日本のことは、あくまでも、これを戦後処理としたいのである。

『フォーチュン』一九四四年四月号、『縮刷版』共通

とあり、さらにカイロ宣言に基づいて、固有の領土以外の領土をすべて剥奪、日本人に敗戦を実感させるために首都東京への進駐は必須、占領軍の進駐がなければ、日本のジャーナリズムは敗戦という現実を否定しないとも限らない、としている。

『フォーチュン』が危惧したように、終戦直後、アメリカ政府や軍やジャーナリズムも含めて、日本人は復讐の機会を狙っているのではないかと疑っていた。

陸軍大臣阿南惟幾大将が「一死ヲモッテ大罪ヲ謝シ奉ル」との遺書を残して自決したことをアメリカ各紙は一斉に報道した。

八月一五日『ロサンジェルス・タイムズ』　日本のラジオが阿南陸相が自決をしたことをアナウンスした。これはハラキリであり、彼は直前にロシアへの聖戦を呼び掛けた

八月一六日『ロサンジェルス・タイムズ』　ジャップは復讐の意図をちらつかせている

終戦直後のアメリカ各紙が「ジャップの復讐」をヘッドラインやリードにした責任は、内閣告諭と日本のジャーナリズムにある。修辞の多い終戦の詔勅とそれを報道した日本の各紙を見て、連合国のメディアは果たして日本は敗戦を認めたのかについて疑念を抱いた。

「**国体を斉しく護持　刻苦、必ず国威を恢弘**（かいこう）」（八月一五日『毎日新聞』号外）、「必ず国威を恢弘―内閣告諭」（八月一五日『朝日新聞』）、「**荊棘**（けいきょく）の道に**敢然　皇国興隆へ新出発**」（八月一五日『毎日新聞』）、各紙のヘッドラインを見れば、「国体を護持」であるから、国家体制―つまり天皇制は護られたのであり、これからは努力して、必ず国の威信を広めるのだ。多難ではあるが、敢然と天皇を頂点とする国家を再建するということである。「国威恢弘」は内閣告諭からの引用である。

「体制に支配された新聞の情報に惑わされ、日本国民はまだ完全に敗北したのではないと思うだろう。占領軍に頭を押さえられなければ、日本のジャーナリズムと国家体制は何を言

うか分からない」とした『フォーチュン』の懸念は現実のものとなった。

カイロにおいて、イギリス、中国、アメリカ三国は、日本が無条件降伏するまでは追撃の手を緩めないこと、日本固有の諸島以外の領土をすべて剥奪することを決めている。これに従い、我が軍の仕事は、日本の陸海空軍の組織を壊滅せしめ、敵の諸都市を長期に渉り占領し、敗北という現実を突き付けることである。

戦後の日本と言っても二つの段階がある。第一は、降伏の日から講和条約の正式調印までである。第二は、講和以降であるが、その状況は現在知る由もない。従って、これ以降の記述は、終戦直後に我が軍が直面し、決断を迫られることのみについて示唆することとする。

『フォーチュン』一九四四年四月号、『縮刷版』共通

『フォーチュン』の言う「日本の戦後」とは、講和条約調印までであって、講和以降については関与するものではないとして、占領軍による統治の期間を限っている。

家の掃除は自分でやれ

日本にもある程度の望みを持たせなければなるまい。世界の諸国は日本を抹殺しようとし

てはいない。正義を求めようとしているのだということを日本に教えなければならない。日本から全産業を一掃しろなどという声に耳を貸すべきではない。その代わり、日本も我が家の掃除ぐらい自分でやるべきである。自分で始末することだ。

戦後処理の立案者たちの一部に、それを代行すべしとする考えがないわけではない。だが、それでは泥沼に嵌《はま》る。国家体制の確立から始まり、政治・経済諸制度の刷新、皇位継承問題、企業の統制、治安の維持、司法の確立、右翼解体、食糧の確保、鉄道、教育改革など、すべてを我々がやらねばならなくなるのである。戦後日本の運営は我が方の手でなどというのは願い下げにして貰いたい。

国際連合が、教育改革、産業再編、農地改革、小作制度の廃止、財閥解体などの改革案を示唆するかもしれないが、これを強制しないことである。まして、その実施において自ら手を下してはならない。そんなことをすれば、日本中が不平不満の渦となろう。

「WU WEI WU PU WEI」(為無為則無不治)

「すべてを得ようとすると、何も得ることができない」という中国の諺がある。一つだけははっきりさせておかなければならない。日本の改造は、日本人の手でというものの、それには限界がある。占領初期の目的が軍の解体にあるとするならば、占領を継続する目的の一つは、軍の再装備の防止になければならない。

国際連合が直ちになすべきことは、日本の重工業が兵器生産に手を染めたりしないよう、強力な方策を取ることである。国際連合は日本人の手による日本の改造を期待して、じっと時を待つ心がなくてはいけない。その時が来れば、これと和平の条約を結べばよい。これによって、日本は責任ある国家としての姿を整えるのである。


『フォーチュン』一九四四年四月号、『縮刷版』共通

「戦後の対日処理」の章をまとめたのは、ヘリモン・マウラー（Herrymon Maurer）であろう。編集長は、マウラーを次のように紹介している、「四川省成都の大学にいて、老子に関する評伝を書き、日本に滞在したこともある。一九四二年にフォーチュン誌の編集に加わり、最重要の記事の三つを書く傍ら、記事すべての構成について共同編集者の役割を果たした」。

「WU WEI WU PU WEI」という小見出しは、彼しか書けない。出典は老子「道徳経」の「無為を為せば、則ち治まらざること無し」（小川環樹訳）である。統治の方法について、老子は「不干渉主義の政治こそが人民にとって最も良い政治」だと言っている。

『フォーチュン』の編集に加わった時、マウラーは弱冠二八歳である。編集者の序に「彼

のこの特集に関する貢献は計り知れないものがあった」とあるが、中国から帰国したばかりの作家志望の若者にとって、「戦後の対日処理」や「天皇」というテーマは重すぎる。客員編集員として、一緒に参加していたクロード・バス（Claude A.Buss）に拠るところがあったと見るべきだろう。バスは日本がマニラに侵攻した時、フィリピンにおける高等弁務官の一人であった。マニラで拘留された後、東京の拘置所に送られ、そこで彼は日本の新聞を注意深く読み込み、その底に潜んでいるものを鋭く嗅ぎ付ける能力を身に付けた後、捕虜交換船で帰米し、南カリフォルニア大学で国際関係論を講じていた極東通であった。

そして「戦後の対日処理」は、何よりもルースの主張が色濃く出ている。中国に関する次のコメントがある。

アジアにおける協力とは中国との協力関係を基軸とする。アメリカが協力すれば、中国はアジアの大国となろう。それが、中国の経済発展や生活水準の向上に必要である。アメリカの対日政策の成否は、その対中国政策の成否に掛かっている。

『フォーチュン』一九四四年四月号、『縮刷版』共通

『フォーチュン』の占領後の日本に関する政策提案は、要約すれば、

一、無条件降伏とは我々の言う無条件降伏である。降伏の申入れが天皇からあったとしても、天皇を承認したことにさせるわけにはいかない。

二、東京に占領軍を進駐させることで、敗北の現実を日本人に突き付けなければならない。

三、戦後のアジア政策は中国を基軸にすべきだ。

四、日本の改造は日本人の手でなされるべきである。再軍備は武器製造を含め、あくまで阻止する。

五、天皇については、さまざまな可能性を考え、その制度の存廃は日本人の決定に委ねるべきである。

六、無条件降伏の意味は、連合国側が出した条件を日本が無条件に受諾することであり、日本に対して連合国との交渉の余地はないということを知らしめよ。

七、これら政策の実施については、タイム・スケジュールを設定して段階的に実施していくことが望ましいとなろう。

その際、大事なことは、日本人の間にも、我々として、理解でき、信頼できる精神の土壌がないわけではないということである。日本人は新奇を愛し、変化を好む心情を、仏教、儒教から西欧の文物にいたるまで摂取して自分のものとしたのだから、日本人の思考は柔軟であり、明治維新を成し遂げたエネルギーを発揮すれば、政治・経済の戦後における一大転換も可能だ。国際連合は、日本人の手による日本の真の改造にどこまでも期待を繋いで待ち、その時が来れば講和を結べばよい。『フォーチュン』一九四四年四月号、『縮刷版』共通

この戦後処理を論じた『フォーチュン』が発行された昭和一九年四月、日本では、東条首相兼陸相が参謀総長をも兼任し、本土決戦に備えて非常措置要綱が閣議決定され、学徒動員の徹底、国民勤労体制の刷新、防空体制の強化が図られていた。

戦後の占領統治

マッカーサーによる占領統治は、基本的に日本の行政機関を通してなされた。その統治の要諦は「日本国民は、自国の行政並びに再建の責任を負うべきである」ということであり、これはアメリカ政府の方針でもあり、司令部はその方針に従ったに過ぎない。この方式は同じ敗戦国のドイツやイタリアに対する占領政策とは全く異なっていた。ドイツ、イタリアでは、占領軍による直接統治が行われた。ドイツと日本双方の占領政策にかかわったガルブレイスは、ドイツにおける占領統治の難しさと日本におけるその容易さに驚いている。

それを可能にしたのは、アメリカ人も驚く日本人の従順さだった。「堪え難きを耐え」の詔勅は国民に浸透し、マッカーサーに平伏す姿を見て、日本人への憎しみも消えた。

簡単に「一億総懺悔」ができる国民であり、ファシズムから民主主義へスルリと何の反省もせずに乗り換えるジャーナリズムであった。復讐を恐れていたアメリカも、この従順きわまりない被占領国を見て満足した。

戦後、シラミたかりの少年だった筆者も、MPにDDTを頭から浴びせられ、小学校で配られた脱脂粉乳という白い乳液で餓えを凌ぎ、チューインガムを投げてくれる進駐軍兵士を新しい神だと思っていた。

『フォーチュン』の書いた戦後の処理のシナリオは、その通りになったものとそうでないものがあった。筋書きを狂わせた最大の要因はアジアにおける共産勢力の浸透である。中国における毛沢東率いる共産党の勝利、朝鮮戦争の勃発が日本の立場を一変させた。アメリカは共産主義の防波堤として、また、アジアにおける基地としての日本を必要とした。

第十一章　グラフィックスに見る戦争
～『ライフ』の創刊と『フォーチュン』の広告～

『ライフ』が創刊されたのは、最初の『フォーチュン』日本特集号が出たのと同じ、一九三六年の秋である。『ライフ』にはお誂え向きな被写体がすぐ登場する。第二次世界大戦の勃発である。また、技術面でも、速乾性インクの開発と印刷技術の進歩が、写真週刊誌の発行を可能とした。『ライフ』は創刊号から売れに売れ、タイム社を支えるドル箱となる。

一方、『フォーチュン』であるが、戦前の『フォーチュン』を手にしてみると、ずしりと重い感触がある。ページを繰るうちに、写真や記事もさることながら、掲載されている広告に引き込まれる。広告は記事より遥かに量が多く、記事より上質の紙にプリントされ、内容も直截《ちょくせつ》に時勢を反映している。今でこそ、上質の紙に印刷されたグラビア雑誌は珍しくないが、一九三〇年代に創刊された『フォーチュン』や『ライフ』は雑誌の革命児であり、それだけのユニークさを持っていた。そして、ルースは既刊の『タイム』『フォーチュン』に『ライフ』を加えて、自らの雑誌のすべてに星条旗を立てて、日本と戦ったのである。

フォト・ジャーナリズムの誕生

『フォーチュン』や『タイム』にグラフィックスが増えてくると、『タイム』の編集次長ダニエル・ロングウェル（Daniel Longwell）は、写真を主体にしたニュース誌の発行ができないかと考え始める。それには写真印刷の技術面でのネックを解決する必要があった。

一九三五年一二月、ルースはシカゴの印刷会社ドネリー社（R.R.Donnelly & Sons）に「一〇セント以下で駅売りのできる品質の良い写真雑誌の印刷方法を提案してくれ」と注文した。ドネリー社は高速輪転による速乾性インキで印刷する技法を開発した。印刷技術の裏付けを得て、タイム社は写真週刊誌『ライフ』の発行準備に入った。雑誌が写真で埋め尽くされるとなると金が掛かる。写真週刊誌の創刊はギャンブルであった。ルースはありったけの金を『ライフ』の創刊に注ぎ込んだ。

一九三六年一一月、『ライフ』が創刊され、一〇セントで売り出されたが、二〇万部が数時間で売り切れ、増刷で四六万六千となった。次週から初刷は五〇万部を超えた。ルースは創刊号に発刊の趣意を載せている。

人の暮しを見る。世界を見る。偉大な出来事を目撃する。貧しい人々の顔を、誇り高き人々の動作を見つめる。見慣れないもの、機械や軍隊、大群衆、ジャングルや月の表面の影を見る。人間が成し遂げた業績を見る。何千マイルも離れたものを見る、壁の後ろや部屋に隠されたもの、近付くと危険なものを見る。男たちの愛する女、そして子どもたちを見る。見ることに喜びを見出す。見て驚く。見て教えられる。こうして見ること、見せられることは、今や人類の意志であり期待なのである。

『ライフ』創刊号の表紙を飾ったのは、女性カメラマンのマーガレット・バーク＝ホワイト（Margaret Bourke=White）であった。モンタナ州のフォートベックに建設中のこのダムは、ローズヴェルトが押し進めていたニューディール政策のシンボルであった。写真はモノクロームで赤地に白抜きのロゴが美しいコントラストを見せる。

『ライフ』創刊号の表紙
マーガレット・バーク＝ホワイト撮影

　ロックフェラー・センター・ビルの三一階に陣取った『ライフ』は日の出の勢いであった。発行部数は順調に伸びて、創刊三年後には黒字に転換した。第二次世界大戦直前から『ライフ』の写真編集に携わった経験を持つジョン・G・モリス（John Godfrey Morris）によれば、ルースは写真を弄るのが好きで、いつも編集部に現れるのでスタッフのひんしゅくを買っていたという。ルースは『フォーチュン』ばかりでなく、『ライフ』の編集部にも出入りしては迷惑がられていた。

ルースは『ライフ』が創刊できたのは、ヒトラーのお陰だと冗談を言っていた。なぜなら有能なユダヤ系カメラマンは皆ヒトラーを逃れてニューヨークに来たからだった。『ライフ』は彼らが上陸して来るのを待っていればよかったのである。

名カメラマン達

カメラマンに必要なことは良い写真をものにする力のみであり、国籍も人種も関係なかった。実力だけがものをいう世界であった。

専属カメラマンのホワイトやカール・マイダンスの他に、タイム社は契約カメラマンを多く抱えていた。暗黒街のギャングの撮影で名を上げた黒人カメラマンのゴードン・パークス（Gordon Parks）、砂漠のロンメル将軍と戦うイギリス第八陸軍の撮影に成功し、四回も『ライフ』の表紙を飾ったボブ・ランドリー（Bob Landry）、名取洋之助の撮影した「日本の兵士」は一九三七年一二月六日号の『ライフ』の表紙を飾っている。

ロバート・キャパ（Robert Capa）もそんな契約カメラマンの一人だった。彼の写真で、打ち抜かれる瞬間の兵士を塹壕の中から撮った「崩れ落ちる兵士」は、一九三七年七月一二日号の『ライフ』に掲載された（写真が最初に掲載されたのはフランスのグラフ週刊誌『ヴュ』一九三六年九月二三日号である）。このキャパの写真はスペイン内乱に関するアメリカの世論を人民戦線に同情的にする役割を果たした。

一九四四年六月、『ライフ』に掲載された「オマハ・ビーチ」は、上陸用舟艇から飛び下り、降り注ぐ銃弾を掻い潜り、ノルマンディーに上陸しようとする兵士を撮影したキャパの代表作である。この粒子の粗い写真は、二〇世紀を代表する映像となった。『ライフ』はフォト・ジャーナリズムを確立した週刊誌でもあった。

フォーチュン式グラフィックス

ルースは『フォーチュン』でグラフィックスを多用した。「フォーチュン式グラフィックス」とでもいうべきこの手法は、ヴィジュアルで分かりやすい表現とは何かを徹底的に追求したものであった。今では、常套手段であるが、グラフィックスを効果的に取り込んだのは『フォーチュン』をもって嚆矢《こうし》とする。日本特集でもグラフィックスの果たした役割は大きかった。写真が手に入らない時はイラストを多用した。一九四四年四月の日本特集号で三人の日本人アーティストが加わったのは、取材できない状況をスケッチやイラストで表したいという編集者の意図があった。

ドラッカーは『傍観者の時代』で、「ルースにとって、グラフィックスは本文に劣らぬほど重要なものであった」と書いている。ルースは引退してからも『フォーチュン』の美術局に入り浸り、美術部長や芸術家と一緒に過ごす日々を続けていた。ルースは百万言の文字情報よりも、一枚の映像が世界を動かすことを知っていた。

『フォーチュン』の広告

広告は『フォーチュン』では大きなウェイトを占めている。

一九三〇年代のマンハッタンはネオンが輝き、モンドリアンの『ブロードウェイ・ブギウギ』のような色と光が交錯し、広告媒体との接触は市民の日常的な生活体験となっていた。雑誌の広告も次第に洗練されていった。そのキャッチ・コピーは、今見ても記事以上に時代を感じさせる。

『フォーチュン』を繰ると、記事や写真もさることながら、広告こそ時代の証言者だと思えて来る。一九四四年四月号に載った広告を数えると二七七件に及ぶ。総頁数が三一一であるから、ほぼ全頁に広告がある計算となる。広告のスペースが記事を上廻っているのは確実である。しかも、カラー広告はすべて上質の紙に印刷されている。記事と同居しているのはモノクロ印刷の広告である。広告は戦時の民意の証言者でもある。

揺り籠から墓場まで（マグナム・マビー＆レイナード社）

繊細に匂うベビー・クリームから、人生の終りに施される終油の香まで。

揺り籠から墓場まで、数え切れないほどの製品が、その匂や香を精油産業のマジックに頼っています。当社は、今は敵の支配下にある地域で、入手困難な香を精油で代用する道を歩んできました。

研究室から生まれたこれらの製品は、まことに優れており、多くの可能性を提供しています。

戦争に勝利し、明日の市場に新製品を売り出そうと計画しているマグナム・マビー＆レイナード社。

創立一八九五年　世界最大の欠くこ

揺り籠から墓場まで（人工香料）
マグナム・マビー＆レイナード社の広告

奇跡だ！　機体は裂けてはいなかった B-17　ボーイング社の広告

とのできないオイルの供給者です。

「奇蹟だ！　機体は裂けてはいなかった」（ボーイング社）

破損しながらもボーイングの空飛ぶ要塞で無事帰還した、戦闘名誉勲章を持つ空軍軍曹は言った、

「これを造った連中と握手がしたい」と。

空飛ぶ要塞の乗員の多くが、戦場からの帰路、同じ感想を繰り返した。

塔乗員は、エンジンの四基のうち三基が停止し、翼や尾翼を撃たれ、穴だらけになっても何とか帰還した体験を持っている。

「どうして無事帰還できたのか？」

ターゲットを爆撃して無事「帰還」すること

ヒトラーはサージンがお好き？　トーブ・ドイッチェマン社の広告

ができた最大の理由は、要塞が塔乗員に与えた信頼感だ。

ボーイングの研究、デザイン、技術、製作、すべてにおける完璧さは、戦争に勝利し平和時においても、発揮されよう。確信を持って言おう、「ボーイング製」は素晴しいと！

人工香油会社は、悪の枢軸によって占拠された南海諸島を原産とする香の元が止められたことを逆手にとって、自社を宣伝する逞しさを見せている。ボーイング社はさすが軍需産業だけあって、その写真もキャッチコピーも記事を凌ぐ緊迫感を見せる。

トーブ・ドイッチェマン社の広告は一時帰休兵がすし詰めとなった車中のスナップを掲載し、銃後の市民への戦争への協力を訴えている。

第十二章　検閲と『フォーチュン』〜書けなかったマンハッタン計画〜

原子爆弾開発を目的とするマンハッタン計画は、戦時中、アメリカのジャーナリズムが取り上げることのできない検閲の対象であった。しかし、検閲といってもそれは自主検閲であり、日本とは比較にならないルーズさがあった。

自主検閲局の設置

真珠湾攻撃が、政府にジャーナリズムに対する検閲業務の必要性を思い知らせた。攻撃直後から検閲と軍による無線の制限が始まった。西海岸のラジオ局の発する電波が敵戦闘機の誘導信号になる恐れから、深夜のニュースを除いてラジオは停波させられた。ローズヴェルト大統領は開戦の翌々日の記者会見で、愛国心に訴えて、ジャーナリズムが敵国を手助けしないことを要請している。

合衆国修正憲法第一条「プレスの自由」に鑑みて、大統領は検閲業務をジャーナリストの自主性に委ねることにし、ＡＰ通信のニュース編集主幹バイロン・プライス（Byron Price）を検閲局長に指名した。以後、国家秘密を守るための自主検閲は、プライスとそのスタッフの手で行われた。

ルースとタイム社は、戦時における自主検閲を支持しなかった。『タイム』の編集担当エリック・ホッジンス（Eric Hodgins）は、自主検閲の規定を無視するかもしれないと検閲局長に通告した最初のジャーナリストとなった。『タイム』は、「政府は国民と秘密を分かたずに第二次世界大戦を戦っている」とその秘密主義を非難し、検閲の規定と良心との葛藤に直面したならば、我々は良心に従わざるを得ないとして、自主検閲に従わない旨を検閲局に通告した。『タイム』は検閲が開始された最初の号で、「戦時においては、敵に利することになりかねない軍事上の機密の漏洩は、非合法のみならず非愛国的行為でもある。しかし、『タイム』誌は、時に許可がなかろうとも、それが損害を与えることがないと判断されれば、軍事上の情報をいち早く開示する。重大な事実の隠蔽を黙認するよりも、編集者を監獄に送る勇気を持つことを誓う」と書いている。

検閲からの離脱を仄《ほの》めかすタイム社の通告に対して、プライスは、「国家機密にかかわることを報道することは、軍事上の敗北のみならず外交上の敗北をも招きかねない。検閲規定を無視して自主的に判断しようとするのも結構だが、問題が起こった時は電話の一本でも掛けてくれないか?」と提案した。つまり、やんわりと検閲局に事前に連絡をくれないかと持ち掛けたのである。これが功を奏し、結局、タイム社も検閲局による規定の枠内にとどまることになった。

戦後、『ニューヨーク・タイムズ』は社説で「どの新聞人も、報道禁止を求めることがプライスの任務になった時、彼がどんなに悲しんで悩んだか知っている。戦時中、彼は全力を尽し、たいていは成功し、検閲制度が不合理でないよう見届けた」と書いた。戦後全米記者クラブとホワイトハウス記者会はプライスの歓送会で感謝状を授与している。プライスは自主検閲という難しい仕事を、政府とジャーナリズムの間に立って上手く処したが、プライス自身はこの仕事を嫌っていたことも確かである。

検閲のすべてが終了したのは太平洋戦争終了後、大統領の検閲解除の署名が検閲局に届いた、八月一五日午後五時二八分であった。

『フォーチュン』と検閲

検閲の犠牲となったのは、『タイム』や『ライフ』よりも『フォーチュン』であった。産業の生産プロセスが軍事上の機密扱いされると、産業界やビジネス界を取材の対象とする

『フォーチュン』で「ニアミス」が続いた。真珠湾攻撃の翌日は『フォーチュン』の二月号の出稿締切り日であった。組版を済ませてしまったので、問題の箇所はCENSORED（検閲）という文字で覆い隠すことで済ませている。

開戦から数日後、ルースはホワイトハウスに呼び出され、一二月一五日号の『ライフ』が掲載したパンナム航空のブラジル航空基地の組み写真が、検閲に違反していると指摘された。このブラジルの基地からは、アメリカ製の爆弾がヨーロッパ戦線へ向けて送り出されており、『ライフ』の記事はナチスの攻撃を誘発する危険がないとは言えなかった。この一件は、ブラジルの大統領がローズヴェルト大統領に抗議したことから、ホワイトハウスも放ってはおけなくなったのである。

プレスの自由とは

戦時中にもかかわらず、ルースは一九四二年一二月、友人のロバート・M・ハッチンス（Robert M. Hutchins）シカゴ大学学長に「プレスの自由」に関する調査を依頼している。タイム社が二〇万ドル、その他が一万五千ドルの負担だから、ほとんどタイム社の依頼と言ってよい。自主検閲が行われている中で、ルースは「自由で責任あるプレスとは何か？」をアカデミズムに問うたのである。

依頼を受けたハッチンスはゼカリア・チェーフィー（Zechariah Chafee Jr.）ハーバード大学教授などのメディア研究者を中心に委員会を組織した。報告書が出たのは、一九四七年、戦後になってからだが、その中には、ウィリアム・E・ホッキング（William E. Hocking）の「プレスの自由」やチェーフィーの「政府とマスコミ」など、ジャーナリズム研究にとって重要な報告も含まれていた。

この報告書が出されると、「政府のメディアに対する規制を肯定するものだ。マスメディアの実態を知らない学者の空論である」との批判を浴びた。『シカゴ・トリビューン』の社長ロバート・マコーミック（Robert Ruthesford McCormick）は「気の触れた連中のたわごとに付き合っている暇はない」と言い、スポンサーのルースも「高校生のロジックすら持ち合わせていない委員会」と言って、報告書を蹴飛ばしている。ルースにとっての「プレスの自由」とは、「自由に書ける権利」であり、それこそがアメリカン・デモクラシーを支えるものだ、という信念であった。

だが、この報告書は後年、ウィルバー・シュラム（Wilbur Schramm）やフレッド・シーバート（Fred S.Siebert）の「プレスの四理論」や「マス・コミュニケーションの責任」で論理が補強され、メディアの持つ社会的責任論が確立されていったことを考えると、その意義は大きかった。結果的にルースはジャーナリズム研究に寄与したのである。

マンハッタン計画とメディア

一九四五年の四月、ローズヴェルトが急死して、トルーマンが大統領に就任した直後、スチムソン陸軍長官を議長とする大統領諮問機関の委員会が、原爆使用について次のような決定を下す。

「事前警告なしにできるだけ早く日本に対して使用し、民家とこれに隣接する軍事施設・工場、及び打撃に最も弱い他の建築物に使用する」というものであった。

この決定はマンハッタン計画に参加している科学者に波紋を呼び、六月一二日、フランク(James Franck)委員会は「原爆を使うことによって、米国人の生命を救う目的は達し得るとしても、それは世界全体にわたる恐怖の波紋を引き起こす。もし、アメリカが人類に対するこの新しい無差別破壊兵器の最初の使用者となるならば、世界中の世論の支持を失うであろう」と警告。

六月二八日、検閲局が全米の新聞雑誌ラジオに対し、原子爆弾の軍事実験に関し、報道しないことを要請した。七月一六日、午前五時三〇分にニューメキシコ州の砂漠で原爆実験。その閃光は二百マイル先でも確認され、AP通信が記事にしたが、政府は弾薬庫爆発と発表。七月二五日、ポツダム宣言を日本が直ちには受諾しないことを見越したトルーマンは、ポツダムから日本への原爆投下の命令を下す。八月六日、午前八時一四分一七秒、「エノラゲイ」号から原爆「リトル・ボーイ」を投下。

原爆投下の一六時間後、トルーマン米大統領はポツダム会談の報告を放送する中で、原爆投下についても言及した。その内容は、「一六時間前にアメリカの航空機が、日本陸軍の重要基地であるヒロシマに対して、一個の爆弾を投下した。その爆弾は、通常火薬の二万トン以上の威力を持つ原子爆弾であった」「日本は、予告なしにパールハーバーを攻撃した。米人捕虜を殴打し、餓死させ、処刑した。日本の戦争遂行能力を完全に破壊するまで原爆を引き続き使う。日本の降伏のみが我々を思い止まらせる」というものであった。

原爆を投下したという放送は、日本でもNHKのスタッフが傍受していたが、放送されることはなかった。投下の翌日、さらなる原爆投下を予告したトルーマンの演説も、日本軍と政府の上層部はキャッチしていたが、国民に伝えられることはなかった。

原子爆弾を越えて

一九四五年九月号の『フォーチュン』には別刷りの「原爆を越えて」という一四ページの挟み込み付録がある。週刊誌『タイム』と異なり、月刊誌『フォーチュン』四五年九月号は終戦記念特集とはなっていない。広島に原爆が投下された八月六日には九月号はすでに刷り上がっていた。九月号の『フォーチュン』には、グアム発七月二五日付で「日本へ発進する

B-29爆撃機」というチャールズ・マーフィ（Charles J.V.Murphy）の特集記事があるのみで、月刊誌としては「別刷り」を挟み込むのが精一杯であった。

この「別刷り」は、科学研究開発局の局長ヴァネバー・ブッシュ（Vannevar Bush）博士が大統領に宛てた報告書のダイジェストである。

博士は核分裂の軍事利用に関する責任者であり、その指揮下で、一九四二年八月、レスリー・R・グローブス（Leslie R.Groves）陸軍准将が率いる「マンハッタン計画」がスタートしている。

一九四三年二月一三日、ブッシュ博士は軍事的な原子力利用に関する報道すべてを検閲規定の条項下に置くように提案している。マンハッタン計画は、作業をするメンバー同志が全体状況を掌握できないようにするなど、徹底した情報管理がなされていた。

報告書には「一九四五年七月」という日付がある。ニューメキシコで原爆実験を行ったのが七月一六日だから、この報告書は原爆実験の成功を確かめる前に書き上げられていた。「原子爆弾を越えて」というタイトルは『フォーチュン』が、ネーミングしたもので、原題は「科学・限り無きパイオニア」である。

報告書に先立って、編集者による序文がある。以下はその要約である。

一九四五年八月六日、広島に投下された原子爆弾は人類の心に投下されたものでもあった。その地獄の閃光は、科学が自然を制御することのいかに速く、広範に及んだかを証明するものであり、科学の発展に対する道徳的・社会的・政治的な準備不足を露呈するものでもあった。

かろうじて、原爆投下の一ヶ月前、科学の研究開発に関する報告書が大統領のデスクに置かれた。

一九四四年、前大統領ローズヴェルトは、科学の平和的利用のために何を為すべきかについて、緊急に大統領直属の科学研究開発局に諮問した。この報告書は一九四五年七月、ブッシュ博士が科学研究開発局の四つの委員会報告を取り纏めて答申したものである。

この報告書が扱っているのは、原子力を始めとする科学の基礎的な研究開発であり、今後、大きな成果が期待される分野である。報告書は政府が育成すべき基礎研究と民間が開発すべき応用研究との相関や、役割分担を明確に提示している。

ブッシュ博士は、最初に、国民の健康や安全の基盤となる医学領域の研究調査について、政府の援助と調整が必要なことを説いている。次に、民間での軍事研究の継続も必要だが、民間が新しい産業やプロジェクトを進めるにあたって、基礎研究者に対する政府の支援が欠かせないとしている。さらに、これからの一〇年、科学のすべての分野において、研究スタッフをフィックスできるように軍の徴兵制度を見直すこと。早急に若手研究者を育成し、その力を借りる必要があるとしている。最後に、軍事研究を開始すべく研究プロジェクトを立ち上げた大学や研究機関には、長期に渉って資金援助ができる国家規模の科学研究機関の設立を提案している。このために必要な予算は、五年間で一億二千二百五十万ドルであるが、戦争に費やされた半年分の経費より少ない額だとしている。注目すべきは、この報告書が議論のためのはっきりしたプログラムを示したことである。原子の鍵をこじ開けた物理学者の大胆かつ献身的な提案を、ひと粒の麦として政治家が掴んだとすれば、次は行動を起こすことが期待される。

『フォーチュン』一九四五年九月号　別刷り

第二次世界大戦中、アメリカでは多くの科学者が軍事研究に駆り出された。ブッシュ博士は科学研究開発局の局長として、それらを束ねる立場にあった。

報告書の内容は、公衆衛生、国防、社会福祉、科学者の育成、平和のための科学への回帰、科学支援機関の設立の六項目に及んでいる。

公衆衛生に関しては、第一次大戦に比して第二次大戦における軍での病死率が、一四・一%から〇・六%へと減少したことを挙げ、その要因としては、チフス、パラチフス、コレラ、天然痘、黄熱病などのワクチンの開発、あるいはＤＤＴによる害虫駆除の成功とペニシリンの発明によるものであり、今後とも政府は医学的な基礎研究を支援すべきであるとしている。

国防に関しては、ドイツ海軍によるUボートの脅威や、ロンドンを攻撃したV-1（ロケット爆弾）やV-2（長距離ミサイル）の苦い経験を引いて、近代戦は科学が制すること。また、米海軍軍令部長官の科学アカデミーに対するステートメントの内容を引用している。

第一は、国家の防衛や敵国の攻撃に関するこれからの戦術は、科学技術研究によって生み出された新兵器によって左右されること。

第二は、新兵器の開発に基づく戦術は、限られた時間内での競争が決め手となること。

第三は、これからの戦争は総合戦となること。それを制するには、将来を見通した継続的な準備の上に、科学技術を核とする国民のすべての参加が必要であること。また、現在の戦争が継続している中にそうした体制を作り上げ、平和時においてもそれを継続する必要がある、としている。

その他、平和時における軍による安全防衛の研究の継続性を説き、長期にわたって資金援助ができる国家規模の科学研究機関（医学、自然科学、国防、科学教育などの分野に及ぶ）の設立を提案している。このために必要な予算は、初年度は三千三百五十万ドルで、五年間のトータルを一億二千二百五十万ドルと見込んでいる。

『タイム』の原爆記事

日の丸にバツを付けた表紙を持つ『タイム』一九四五年八月二〇日号が、最も多くの誌面を割いたのが「原子爆弾」についてである。米空軍が撮影した広島と長崎のキノコ雲が誌面の左右にアレンジされ、中央には人類に文明と技術をもたらした神プロメテウスの像がある。原爆はプロメテウスが太陽の火を炬火に移し取り、人間に与えた贈り物というつもりなのだろう。『タイム』は予定原稿を一気に掲載したかのように、原子核時代の到来を科学的根拠を含めて解説している。

「恐ろしい程の責任」

「私は原爆の悲惨を実感した」と大統領は言う。「原爆を開発し、使用しようと計画したのは現政府ではない。しかし、敵もまた原爆を開発中であり、まもなく開発されようとしていたことを我々は知っていた。もし、先を越されたら、我々の文明や国家のすべてが破壊されていたことだろう。我々は長い努力の末に、原爆の開発レースに勝利した」「もし、ならずもの国家が先に原爆を持つことになったら、それはあまりに危険である。敵がではなく、我々が先に原爆を持ったことを神に感謝し、神の摂理に叶った方法で、我々にその使用をお許しになったことについて祈る。」

『タイム』一九四五年八月二〇日号

というトルーマン大統領のコメントが紹介され、日本も原爆を開発中であったという怪しげな証拠写真が、「一九三九年のジャップの原子核の核分裂とサイクロトロン」というキャプション付きで掲載されている。

ルースは原爆をどう扱ったか

ルースは『ライフ』の中で、「日本への原爆投下は、世界におけるアメリカの科学技術のリーダーシップの証明であり、少なくともしばらくの間は、アメリカが世界最大のパワーであることをクレムリンに対して示したもの」と書いている。ルースは大戦中からソ連を仮想敵とみなしていた。彼は広島と長崎への原爆投下をソ連に対する力の誇示ととらえている。広島への原爆投下の三日後、ルースは重役を集め、『ライフ』の終戦特集号の部数を五二〇万に増刷し、広告費の値上げを指示している。彼は強《したた》かなメディアの経営者でもあった。

一九四六年九月、原爆投下から一年以上経って雑誌『ニューヨーカー』に被爆の実態を伝える（写真のない）記事が掲載されると、その号はたちまち売り切れてしまった。原爆投下から九ヶ月が過ぎて、ドキュメンタリー作家ジョン・ハーシー（John Hersey）が広島に入り、被爆の実態を初めて世界に紹介したのである。ハーシーの「ヒロシマ」は、『ニューヨーカー』に掲載された後、新聞やラジオで紹介され、原爆をアメリカの力の現れとしてではなく、初めて人類の非人間性を象徴する悲劇とする見方を示して、全米に衝撃を与えた。

　ルースもそれを読んでショックを受けているが、こうした見方をセンチメンタリズムとして退けている。ルースは原爆関連の写真や記事を載せることに積極的ではなかった。

被爆写真の検閲

　アメリカ空軍撮影の「きのこ雲」は、その威力を知らしめる映像として広く喧伝されたが、世界が「きのこ雲」の下の地獄の映像を知るには、さらに七年の歳月を要した。一九五二年、講和条約発効によってＧＨＱの検閲が終わってから、初めて被爆直後の写真が『ライフ』に掲載された。「一九五二年九月二九日号」である。ヒロシマの写真は、原爆投下直後に『中国新聞』のカメラマン松重美人《よしと》が撮影したもので、キャプションには「**原爆投下一〇分後、マツシゲが撮影した歩きながらの死者——川の水を汲んで、現像・焼付された**」とある。松重カメラマンによれば、「原爆投下から二時間後に市の中心部に入り、京橋川の御幸橋と自宅のあった翠橋周辺で取材」とのことである。

長崎の写真も『ライフ』に掲載された。キャプションには「ヤマハタ・ヨースケという陸軍報道写真班のカメラマンが撮影した」とある。山端庸介は当時、西部軍報道部に所属するカメラマンであった。山端が原爆投下の翌日、軍令で長崎に入って撮影したものである。

なぜ、投下から七年後までこれらの写真は知られることがなかったのだろうか？　松重の写真は被爆から二年後の一九四七年七月六日号の『夕刊ひろしま』（『中国新聞』系列の夕刊紙で発行部数三万部）に掲載され、中国地方の読者（三万人）は見ていた。しかし、この写真が掲載されると、GHQから「掲載をするには事前報告が必要」との注意を受け、GHQにその写真を提供した後、ネガは中国新聞の資料室に保管された。講和条約発効後、その存在を知った『ライフ』が、被爆直後の広島と長崎の惨状を世界に知らせたのである。それまではGHQのプレスコードに縛られて、原爆の写真は一切公表できなかったのである。

戦後、連合軍最高司令部（GHQ）によって検閲が実施された。一九四五年九月一九日に公布された「プレスコード」には「占領軍に対し破壊的な批判を加え、不信または怨恨を招く事項の掲載を禁ず」という項があった。

原子爆弾の報道も検閲の対象となった。原爆被災の写真報道が、アメリカがホロコーストを行ったという非難に結び付くことを恐れたのである。原子爆弾によって廃虚と化した惨状や被爆者の映像が止められた理由はそこにあった。原爆被災者の治療にあたった医師たちによって作成された報告書やレポートも封印された。

ペンタゴン（国防総省）が提供する「きのこ雲」の写真は世界に氾濫していたが、その下の惨状は隠蔽されたのである。『ライフ』の写真編集部の一人ジョン・G・モリスはこう述べている。

もし、山端の写真が『ライフ』の表紙に（もっと早い時期に）掲載されていたら、どれほどのインパクトを生んだことだろう。

ジョン・G・モリス『20世紀の瞬間』

第十三章　エピローグ　それぞれの戦後

『フォーチュン』の日本特集号にかかわったジャーナリストたちは、どのような戦後を送ったのだろうか？

優れたジャーナリストはまた二〇世紀をリードしたオピニオン・リーダーでもあった。この章では、『フォーチュン』の編集に加わったジャーナリスト達の戦後を辿った。

ヘンリー・R・ルース（一八九八〜一九六七）日本嫌いは終生変わらなかった

一九四六年、ルースは昭和天皇への単独インタビューに成功している。ルースは天皇に対し、「こんなに長く神であったのだから、もう退位すべきではないか?·」（"How it felt to be mortal after having been a god for so long ?"あるいは、"How it felt no longer to be considered a god?"）と質問している。"to be mortal"「死すべき」という言葉が入ったか否かは不明である。日本の通訳が（多分意図的に?·）翻訳に失敗したので、天皇からの答を得ることはできなかった。

その頃、戦勝国の東京特派員たちは、記者クラブで天皇を「チャーリー」と呼んでいた。なぜ「チャーリー」なのか？『スヌーピー』の「チャーリー・ブラウン」であれば、遠くから目立つ姿で礼儀正しいイメージがあるが、この「チャーリー」が世に登場するのは一九五〇年のことである。あるアメリカ人ジャーナリストに聞いたところ、「多分、マッカーサーを訪問した時のモーニング姿の天皇を見て、チャップリンを連想したのでは？」という返事であった。モーニング姿、ちょび髭、人の好さそうな小男。「チャーリー」は戦勝国特派員としての驕りと当時の天皇の存在感の軽さを表わしている。相手が「チャーリー」ならば、何でも質問できようというものである。

ルースは世界中を飛び廻り、時の人とインタビューを重ねた。一四歳で生まれ故郷の中国を出て以来、旅を続けた彼は、世界の要人とのインタビューを苦にしなかった。ルースは『タイム』の表紙に「時の人」を取り上げることで、メディアとしての影響力を誇示し、国家権力とも密接な関係を保った。一年を締め括る「マン（現在はパーソンズ）・オブ・ザ・イヤー」の選考は、『タイム』の年末恒例のショーとなっている。一九二七年から始まったこの「マン」の第一号は大西洋横断飛行に成功したリンドバーグであり、二〇〇四年はジョージ・ブッシュ大統領、〇五年はビル・ゲイツ夫妻とロックスターのボノ氏であった。

中国をアメリカの手で解放し、立て直すというルースの思惑は成功したかに見えた。しかし、侵略者大日本帝国が消滅した後、ルースがファシズムと同様に忌み嫌った共産勢力が、大津波のようにアジアを飲み込んでいった。

一九五〇年に朝鮮戦争が勃発。一九五一年一月、ダレス国務長官が講和特使として来日し、日米安全保障条約の締結に関する概略がまとまったという手紙をルースに書き送った。それ以後、ルースは、日本を共産主義の防波堤と考え、アメリカの友として扱い、日米同盟の重要性を訴えるようになる。『ライフ』は「奥ゆかしく、美しい文化を持つ日本」を特集し、茶道や京都の寺院をカラーグラビアで紹介し始めた。

一九六三年、『タイム』は創刊四〇周年を迎えた。その祝宴は華やかであった。女優ジーナ・ロロブリジーダ、ヤンキースのケーシー・ステンゲル選手、ソーク・ワクチンのジョナス・ソーク博士、エドワード・ケネディ上院議員、ダグラス・マッカーサー将軍、教皇の親書を託されたフランシス・スペルマン枢機卿、リンドン・ジョンソン副大統領など、各界を代表する人々が綺羅星のごとく並び、俳優ボブ・ホープが司会を務めた。

ケネディ大統領からは次のようなメッセージが寄せられた。「**ルースこそ我々の時代を代表する編集者である。『タイム』は半世紀近く、時代のリーダーたちを教え、楽しませ、混**

乱させ、激昂させて来た。多くのアメリカ人と同様、私も『タイム』の主張に常に同調したわけではないが、とにかく読んだ。『タイム』は時に読者の政治的視野を偏らせたのではないかとも思うが、読者の知的、文化的水準を高めることに大きな貢献をした。創刊四〇年を迎えるにあたり、『タイム』がその年輪に相応しい充実した内容で、成熟した品格を保ち、人間の弱さに寛容であり、すべてに驚きに満ち、時に、誤りに対するヒントを与えられんことを願う」。それに対し、ルースは「私はこのような格調の高さと、賢明さと、公正な感覚を備えた読者であるアメリカ大統領こそ、『タイム』の最高の読者だと考えている。『タイム』の編集長としての私の特権の一つは、直接、大統領と会話を持てることにある。大統領と私の興味が失われない限り、それは継続されるであろう」と答えている。

四〇年前、『タイム』を創刊した時、「『タイム』はどれだけ多くの記事を載せるかということに興味はない。むしろ、どれだけ多くの記事を読者の心に刻み込めるかが重要である。社会的な問題や重要なニュースについて、完全に中立を守ることは望ましくない。また、不可能である。ゆえに編集者がニュースに関してある種の偏見を持つことを恐れてはならない」とルースは書いた。

四〇周年を迎えた翌年、ルースは『タイム』の編集長のポストをヘドレイ・ドノバン(Hedley Donovan)に譲り、引退して編集顧問となった。

一九六七年二月、逝去。享年六十九歳。最後の言葉は「すべて上手く行きつつある」であった。『タイム』のライバル誌『ニューズ・ウィーク』は、ルースの死を「専制的で派手好みの男が死んだ」と報じた。ドラッカーはルースとの最後の別れを次のように書いている。

ルースと最後に会ったのは、亡くなる六ヶ月前、一九六六年九月にニューヨークで開かれた国際経営会議の公式夕食会の席だった。彼は相変わらず丁寧で、私に温かい言葉をかけ、袖を引っ張って私を隣の席に座らせた。「最近は何をやっているんだね？」「実は、たった今、日本から戻ったところなんです」と私は答えた。「ハリー、日本は見事に戦前の立派な姿に戻りましたよ。それに西欧文明の日本化も急ピッチで進んでいます。想像がつかないでしょうが。」ルースは顔をしかめ、席から立ち上がり、くるりと背を向けた。これが彼を見た最後だった。

ピーター・F・ドラッカー『傍観者の時代』

宣教師の子として中国で生まれ、日本を侵略者として憎み、中国を愛したルース。その日本嫌いは終生変わることはなかった。

ルースとほぼ同時代を生き、同じ宣教師の子として日本に生まれたエドウィン・ライシャワー（Edwin O. Reischauer）は、明治の元勲松方正義の孫ハルと再婚し、駐日大使を務め、その生涯を日本との交流に尽力した。同じ宣教師の子として中国と日本で生まれ育った二人の生き方は、交わることのないレールのようだ。

ピーター・F・ドラッカー（一九〇九～二〇〇五）　日本は必ず経済大国になる

ドラッカーは自らをライターであり、経営コンサルタントでも学者でもないと言って、ルースと一緒に働いた時を最高に刺激的だったと回顧している。九〇歳を超えてもそのペンは衰えを知らなかった。

一九四〇年、ルースは『フォーチュン』の創刊一〇周年記念号の編集作業を助けてほしいとドラッカーに声を掛けた。ドラッカーはそれから二ヶ月間、ルースと一緒に昼夜を問わず働いた。この一〇周年記念号で、ドラッカーはＩＢＭについての記事を書いている。正確に言えば、駆け出し記者の原稿の修正を頼まれたのだ。当時のＩＢＭの社長は創業者トーマス・ワトソンであった。彼はオフィス機器メーカーだったＩＢＭを世界一のコンピュータ会社に育て上げた男である。このワトソンとの出会いが、ドラッカーに企業のトップやその経営の在り方について考えさせる契機となった。

その後、ドラッカーはゼネラル・モーターズ（ＧＭ）から調査を依頼され、ＧＭの経営を分析して『会社という概念』にまとめた。この書は一言でいえば、「事業部制」を取り入れることで、企業の分権化を図ることを勧めたものである。その提案はGMには否定されたが、フォード社を再建中のヘンリー・フォード二世がテキストとしてこれを採用した。経営不振に陥っていたゼネラル・エレクトリック社もドラッカーとコンサルタント契約を結んだ。シアーズやIBM、続いてGMも彼と契約を結び、ドラッカーは時代の寵児となってゆく。

彼が初めて日本を訪れたのは、一九五九年のことである。経営者を対象としたセミナーでの講演が目的で、出席した日本の経営者に大きな影響を与えた。以来、彼は日本を繰り返し訪問し、「将来、日本は必ず経済大国になる」と予言した。

一九四〇年代の後半、日本とイギリスのどちらがより発展するかを賭けたなら、皆イギリスに賭けたろう。当時、イギリス産業は戦前より相当強くなっていたし、日本は戦争で破壊されてしまっていた。イギリスは技能水準も教育水準も経済力も遥かに優れていた。しかし、二〇年後前進しているのは日本であり、イギリスは凋落している。このような現象をもたらした理由の一つは、日本が経済政策の決定にあたり、世界経済の動向を中心においたのに対して、イギリスは経済政策を伝統的な国内経済の維持に役立つようにしたことである。

ピーター・F・ドラッカー『断絶の時代』

ドラッカーは「私は戦後の日本の可能性を見抜いた最初の欧米人だ」と自負していた。彼を経営学に向かわせたのは『フォーチュン』の編集に携わったことと無縁ではない。

ウィリアム・R・ハースト（一八六三～一九五一）『市民ケーン』のモデル

「雑誌王」と呼ばれたルースと「新聞王」と呼ばれたハーストが揃って大の日本嫌いであったことは、日本にとって不幸なことであった。ルースとハーストの間に接点はさほどない。あるとすれば、新聞経営の強引な手法や、「黄禍」のキャンペーンをしたハーストが雑誌『フォーチュン』の標的にされたことぐらいだろう。共通していたのが、二人とも日本を叩くのになりふり構わなかったということである。

ハーストはアメリカン・ドリームを地で行った男である。一八六三年のサンフランシスコ生まれ。父親が安値で買った鉱山から銀が採掘されたことから、一人息子の彼も一夜にして大富豪となった。政治を志し、ニューヨーク市長や州知事を目指すが落選の憂き目をみる。政界進出を諦めたハーストはメディアの帝王を目指す。それも、一八八七年、父親がギャンブルの質に取った『サンフランシスコ・エグザミナー』紙を譲り受けたのがその発端であった。ハーストは全米のメディアを買い漁り、日刊紙、日曜紙、雑誌、ラジオ局を傘下に治め、「メディアの王国」を築き上げた。ハーストはこの王国を通じて、アメリカの政治や世界情勢までも操ろうとした。デマゴーグやアジは日常茶飯であった。

一九世紀末に遡るが、ニューヨークではハーストが率いる『ニューヨーク・モーニング・ジャーナル』とジョセフ・ピュリツァーの『ニューヨーク・ワールド』が覇を競い合っていた。「イエロー・キッド」という黄色いマントを翻す子どもが活躍する新聞の連載マンガが人気を博すると、二紙はその作家を奪い合った。これが「イエロー・ジャーナリズム」という言葉の語源である。

ピュリツァーは「ピュリツァー賞」の創設者として後世に名を残したが、ハーストがオーソン・ウェルズ監督の映画『市民ケーン』のモデルであったことはあまり知られていない。第二次世界大戦の最中、『市民ケーン』が完成する。ハーストはその映画が自分と情婦マリオン・デーヴィスをモデルにしていることを知ると、上映差止めに走り廻ったが失敗に終わった。その結果『市民ケーン』のモデルとして、その名を残すことになったのである。

ハーストがスキャンダルに塗《まみ》れた生涯をビバリーヒルズの自宅で終えたのは一九五一年、享年八八歳であった。『市民ケーン』の主人公は映画で「薔薇の蕾」という遺言を残しているが、ハーストは死の寸前まで「マッカーサー将軍の売込みに手を抜いてはならぬ」などと指示を出している。

死後もハーストには、「イエロー・ジャーナリズム」のような事件が待っていた。一九七四年、過激派によりハーストの一五人いる孫の一人パトリシアが誘拐されたのである。犯行は貧民や虐げられた黒人や有色人種の解放を求める過激派組織SLAによるものであった。SLAの要求は「パトリシアの解放と引替えに、カリフォルニアの貧民に一ヶ月一人に付き七〇ドルを出せ!」というものであった。換算すると一ヶ月で一千億円を超える大金であり、大富豪ハースト家といえども支払える額ではなかった。パトリシアは解放されず、マスコミは連日この誘拐事件を取り上げ、憶測報道を繰り広げたが、事件は意外な展開を見せた。誘拐事件から二ヶ月後、SLAが銀行を襲撃した時、監視カメラに映し出されたのは、誘拐された筈のパトリシアであった。彼女はマシンガンを持ち、SLAメンバーと共に銀行強盗を行っていた。誘拐されたはずの大富豪の娘がなぜ過激派の一味に加わったのか? 後日マスコミ宛に送られてきた犯行声明の中で彼女は、「私はこれ以上、ハースト家の一員として生きられない」と言っている。ハーストの孫娘は祖父に劣らぬ強者であった。

セオドア・H・ホワイト(一九一五~一九八六)「赤のテディ」と呼ばれて

一九四〇年、日本軍の空襲が続く重慶でルースと出会い、肝胆相照らしたホワイト。お互いをハリー、テディと呼んで尊敬し合った蜜月は長くは続かなかった。やがて、蔣介石の報道を巡って軋轢が生じ、二人は抜き差しならない状況へと追い込まれた。中国で取材を続けるホワイトは、腐敗しきった蒋介石政権では中国は救えないと考えていた。しかし、彼が『タイム』に送稿した記事は、その正反対の主張として掲載された。外報部長チェンバースの仕業であったが、彼を重用していたルースにもその責任はあった。

ホワイトの恩師フェアバンクス教授は中国現代史の専門家であり、中国で何が起きているかを熟知していた。『タイム』に掲載されたホワイトの記事を読んで、教授は手紙を書き送っている。そこには「私は君を心から恥ずかしく思う。時局はいまや歴史的瞬間を迎えた。すべからく君の考えをストレートに述べ給え」とあった。この手紙がホワイトにルースとの決別を決意させた。

一九四四年の夏、ホワイトの予言通り、蒋介石軍は崩壊する。しかし、それでもルースの蒋介石支持は変わらなかった。こと蒋介石に関する限り、ルースは現実を見ようとはしなかった。『タイム』は外報部長チェンバースを通して次々と偏向した中国関連記事を掲載していった。ハルバースタムは『メディアの権力』の中で、ホワイトとルースの確執を次のように書いている。

ホワイトは中国から『タイム』へ最後の送稿をする。書出しは「蒋介石の歴史的使命は終った」であった。「総統は驚くほど無知だ。それだけではない。自身の無知を知らないのだ。」これを読んだルースは激しく怒り、ホワイトの記事は一行も載らない。それだけでなく、一〇月一三日のトップは、蔣介石の太鼓持ちに終始していた。それを読んだホワイトはルースに書いた。「もしあなたがこの方針に固執するなら、あなたは単に過ちを犯すだけではない。中国とアメリカ合衆国を傷つけることになる」。その無礼な調子にルースは怒り狂った。

デイヴィッド・ハルバースタム　『メディアの権力』

戦後、中国特派員の仕事に区切りをつけたホワイトはニューヨークに戻った。次の辞令を待ちながら彼はジャコビー夫人との共著『中国の雷鳴』の執筆に専念していた。ホワイトは次の任地としてモスクワ行きを希望していた。外報部のデスクは彼をモスクワに派遣しようとしたが、ルースが反対した。ホワイトを共産圏に派遣することは、虎を野に放つようなものだと恐れたのであった。次にデスクはキューバ行きを打診したが、今度はホワイトが断った。身の置き所のなくなったホワイトはタイム社を辞め、カール・マイダンスと共同でマンハッタンに事務所を持つ。重慶で日本軍の爆撃を避けて、防空壕で共に身を潜めたあのカメラマンである。二人はお互いをプロの仕事師として認めていた。

『中国の雷鳴』にはホワイトの中国体験のすべてが結晶されていた。それは、アメリカの中国共産党に対する見方を変えたとまでは言えないが、ルースが作り上げた蔣介石神話を打ち壊す役割は十分果たした。『中国の雷鳴』は四〇万部を売り上げるベストセラーとなってホワイトは一息つくことができた。

しばらくして、『タイム』にはどういうわけか、「赤のテディ・ホワイト」といった記事が載るようになった。マッカーシーの赤狩りが吹き荒む中で、共産主義者という烙印を押されたホワイトにとって、メディアで職を得ることの難しい時代が続いた。

一九五六年、友人の計らいでホワイトとルースは和解する。ルースは「中国のことではどちらが正しかったか分からない。しかし、もう潮時じゃないか、テディ、帰って来たらどうかね」と言った。ホワイトは二度とタイム社で働く気はなかったが、『ライフ』には再び筆を執り始める。

その後、ルースは『ライフ』に掲載されるホワイトの原稿に手を入れることはなかった。ただ、一度だけ書き直しを求めたことがある。それは、ルースがエール大学在学中から所属していた秘密結社「スカル・アンド・ボーンズ」の記述に関してで、このメンバーを実名で書いたホワイトの記事に対して、「会員の名前を絶対に記事にしてはいけない」という結社の掟に従って、修正を求めたものであった。

「スカル・アンド・ボーンズ」は不思議な秘密結社である。ドクロと骸骨を組み合せた海賊のような旗印を持つ結社には厳重な資格審査があり、一学年でも十数人しかクラブの入会を許されない。この結社のメンバーを辿ると、アメリカのエスタブリッシュメントを支える華麗な人脈が見えて来る。四三代大統領ジョージ・ブッシュもその父親の第四一代大統領ブッシュも、そして大統領の座を争った民主党のケリーもこの秘密結社のメンバーである。

一九六〇年、ホワイトはケネディとニクソンの大統領選挙を取材した。大統領候補による初のテレビ討論が行われて大接戦となった選挙である。ホワイトの著作『大統領選挙一九六〇』は、ピュリツァー賞を受賞している。

ホワイトは死の直前に、NHKのインタビュー（『NHK特集・アメリカからの報告』）に答えて、重慶での日本軍の空爆について、「日本人は無差別爆撃について、広島や長崎の原爆や東京大空襲の被害を思うかもしれないが、重慶爆撃は世界で初めての無差別爆撃であり、日米関係の中では、もう一つの真珠湾とも表現される意味と影響力を持ち、それは、原爆の残留放射能の後遺症のように影響を及ぼし続けた」と語っている。

マイダンス夫妻　カール・マイダンス（一九〇七～二〇〇四）とシェリー・スミス・マイダンス（一九一五～二〇〇二）　戦場をカメラとペンで追い続けた二人

『フォーチュン』の日本特集で、アジアや中国における「ジャップ」の蛮行を暴いたのはシェリーである。真珠湾攻撃の日、彼女はカメラマンの夫とマニラを取材していたが、

「オープンシティ」（非武装都市）宣言をしたマニラで日本軍によって捕えられ、サント・トマス収容所へ送られた。九ヶ月に及ぶマニラでの抑留の後、上海の収容所に移され、一九四三年一二月捕虜交換船で帰国する。通算二二ヶ月に及ぶ抑留であった。

夫のカールは『ライフ』の専属カメラマンであった。マイダンス夫妻は記者とカメラマンとしてペアで戦場を取材した。一九三九年の厳冬、ソ連のフィンランド侵攻から始まり、第二次世界大戦の勃発とパリ陥落まではヨーロッパ戦線で、それ以後は中国へと転じた。

重慶ではホワイトとも仕事をしている。ホワイトは本社から特派された有能なマイダンス夫妻を恐れていたし、二人も「噂のテディ」に緊張していた。

夫妻は重慶を拠点にして極東全域をカバーしていた。シンガポール経由でフィリピンに入ったのは、真珠湾攻撃の二ヶ月前、日本の攻撃開始に備えるフィリピン米軍の取材が目的であった。カールは日本軍が進攻して来るであろうリンガエン湾に、シェリーは米軍のクラーク・フィールド基地で取材にあたった。

年が明けた四二年一月二日、夫妻は捕えられた。カールは士官から「カメラマンとして日本軍に協力すれば自由を与える」と誘われたが断わっている。その後、二人は上海の収容所に回され、四三年一二月に捕虜交換船で帰国した。シェリーにとって、四四年四月号の

『フォーチュン』の締切りまでわずかの時間しかなかった。

カールはカメラマンとして再びヨーロッパ戦線へ向かった。ノルマンディー上陸作戦の取材にも加わり、八月のパリ解放に立ち合う。キャパのスナップで、街角でナチへ協力した罰で、髪を刈られたフランス人女性が民衆の嘲りの中を、子どもを抱きながら逃げるように歩く写真は有名だが、カールも同じ女性を別の角度から撮影している。

一九四五年一月、太平洋でアメリカ軍の反攻が始まると、カールは太平洋戦線へと転じた。ルソン島では、マッカーサーが浅瀬で上陸用舟艇を降り、波を蹴立てて岸に向かって来る姿を撮影している。まさに「アイ・シャル・リターン」を想わせる映像である。

マニラの奪回はカールにとっても胸に迫るものがあった。かつて妻と過ごしたサント・トーマス・キャンプの解放を撮影している。手榴弾が飛び交う中、先導の戦車に続いてカールもキャンプ中央の建物に突進した。ロウソクの光の中に、痩せた捕虜の群れが浮かび上がり、一人の婦人が「神よ、カール・マイダンスだ！」と叫んで飛び付いて来た。シェリーの同室の女性だった。一連の写真は『ライフ』にフォト・ストーリーとして掲載された。さらに、カールは連合軍に同行してマニラから、レイテ、沖縄を取材して、終戦と同時に、上海に向かう。カールは上海の収容所にも一番乗りをして、その解放の瞬間を撮影している。

一方、シェリーは収容所暮しで体調を崩していたが、ジャーナリストとしてのペンは衰えることはなかった。『フォーチュン』を書き終えたシェリーは、従軍記者として海軍のニミッツ提督の司令部付きとなり、夫の後を追うように太平洋戦線に向かった。彼女もフィリピンの地をもう一度踏むことを望んでいた。収容所でコメの中にいるムシを摘み出す仕事をしていた彼女にとっても、そこは「アイ・シャル・リターン」の地であった。

彼女は沖縄に向かうカールと別れ、山下奉文の降伏の取材に向かった。

降伏式はバギオの夏宮殿で始まった。かつて、山下にバターンで降伏したウェインライト将軍やシンガポールで降伏したパーシバル将軍も列席していた。儀式の後、二人の将軍は短いながらも勝利のスピーチを行った。列席したすべての人々が〈日本人を除いて〉それを聞いて目を潤ませたという。

終戦の日をマイダンス夫妻はマニラで迎えた。勝利が米軍のラジオ放送を通じて伝えられると、市は「マブヘイ!」(タガログ語で勝利の意)「ビクトリー!」の声で満ちた。

カールは八月三〇日、スウィング将軍機に同乗し、厚木空港に先着して、空港に降り立つマッカーサーの撮影を済ませると、横浜のホテルに入った。翌日、特派員たちの東京一番乗り競争が始まった。自動車をチャーターしたカールは、途中で占領軍にブロックされる。『アソシエーテッド・プレス』のラッセル・ブラインス(Russell Brines)とカールは車を捨て、電車に乗り換えて、日本人客の好奇の目に曝されながら東京入りを果たしている。他にも横浜から東京に向った記者に『ニューヨーク・タイムズ』のフランク・クラックフォーン（Frank L. Kluckhohn　天皇との最初のインタビューに成功した記者）と『クリスチャン・サイエンス・モニター』のゴードン・ウォーカー（Gordon Walker）等がいる。二五〇人もの連合国記者が「ヒロヒト」や「東京ローズ」を目指してひしめいていた。

その後、カールは廃墟と化した東京から、占領下の日本を『ライフ』に送り続ける。ミズーリ号上の降伏調印式の写真は彼の代表作の一つとなった。降伏のテーブルに近寄る重光葵外相の木の義足は、ゆったりと哀しげな音を立てたと、カールは回想している。その後、世界は彼のカメラを通して、マッカーサーに平伏《ひれふ》す日本人と、人間宣言をして各地を巡幸する天皇の姿を見た。戦勝国カメラマンの特権だろう、レンズは小菅刑務所内のA級戦犯にまで向けられている。

一九四八年六月二八日、カールは取材で福井にいた。早めの夕食を摂っている時、大地が激しく揺れた。四千人の死者を出した福井大地震であった。彼が撮影したピサの斜塔のように傾いたビルは、災害の象徴として世界にその惨状を訴える役割を果たした。

一方、シェリーは一九四五年にルースに誘われて中国に同行した。一行は国賓として最大級の接待を受けた。蔣介石との会談後、ルースはスタッフを集め、「国民党がいかに国民に愛されており、共産党の勢力が伸びたなどというのは誇張であり、平穏は保たれている」と語った。そんなルースをシェリーは冷ややかに見つめ、「地方では政府に対する反感が間違いなく渦巻いている。政治の潮流は共産党に有利で、人びとはいつも好んで共産党の話をしている」と反駁している。

一九五〇年六月、朝鮮戦争が勃発するとカールは再び戦場へ向かう。朝鮮戦争の司令官マッカーサーにとっても「アイ・シャル・リターン」を撮影したカールは必要な存在だった。この自己顕示欲の強い男は、自分を記録してくれるカメラマンを必要としていた。共和党の大統領候補として敗れたものの、まだホワイトハウスを完全に諦めたわけではなかった。

朝鮮戦争で、カールは初めて日本製のレンズとカメラを使った。かつて、彼はソ連とフィンランドが戦った極北の戦線で、凍てついてシャッターが落ちない経験を何度もしていた。氷点下二〇度を超える苛酷な戦場で、「ニコンS」はそのレンズと共に優れた特性を発揮した。『ライフ』はその後、二〇台のニコンをまとめて購入する。日本のカメラの優秀さを世界に広めたのは、マイダンスであった。

一九九七年、『ニューズ・ウィーク』のカメラマンのデイヴィッド・ヒューム・ケナリィ(David Hume Kennerly)がマイダンス夫妻を自宅に訪ねた時、カールはワークショップで発表する「もっとも印象深い三枚の写真」を選んでいる最中であった。九〇歳を超えたカールが選んだ写真は、いずれも彼が撮影したものではなかった。

最初の一枚は、フィリピンの米陸軍基地が一二月八日の日本軍の攻撃を受けた時の記録で、アメリカ人の軍曹から託されたネガから起こした一枚であった。二人の仲の良いGIが壕の傍に立つ何気ないスナップであった。だが、そこには二重写しで、奇襲を受けて修羅場と化した基地があった。戦闘機が黒煙を吐いて燃え上がり、攻撃を仕掛けたゼロ戦が空に舞っていた。平穏な日常と、恐怖のどん底に叩き込まれた瞬間とが、オーバーラップして巧《たく》まぬ効果を見せた一枚であった。

二枚目は、戦後、カールが連合軍といち早く駆けつけた上海の捕虜収容所で、降伏した日本兵から手渡されたネガの一枚であった。そこには収容所の前庭をうろつく人々が写っていた。五〇年を過ぎてネガを整理していたカールは、その群れの中に妻のシェリーが写っているのを発見した。

三枚目は、夫妻が中国大陸の奥深い農村に入った時のものである。外国人など見たこともない農民は、好奇心からカールに首から下げているものは何かと問い、カールはカメラと撮り方を教えて愛用のライカを渡した。その農民が生まれて初めて写した写真には、優しく微笑む二人の姿があった。

マイダンス夫妻、二〇世紀の戦場をカメラとペンで追い続けた二人であった。

ヘリモン・マウラー（一九一四〜一九九八）　タオイズムとクエーカー教徒としての平穏

ヘリモン・マウラーはプリンストン大学在学中から老荘思想に惹かれ、卒業するとすぐに中国に渡り、四川省成都の大学で英語を教えながら、中国の思想について研究していた。一九四二年に日中戦争が激化し中国から戻ると、すぐに『フォーチュン』の編集スタッフに加わっている。

戦後はフリーライターとして『フォーチュン』や『ライフ』『リーダースダイジェスト』に東洋の思想の紹介やタオイズムについて書いている。戦場における残忍や悲惨を体験した彼は、タオイズムへの傾斜を深め、やがてそれは内なる平穏を説くクエーカリズムと結び付く。晩年はクエーカー・プロテスタントの指導者として生き、クエーカリズムを説いた。一九九八年没。暴力否定と戦争反対を貫いた生涯であった。

クロード・A・バス（一九〇三〜一九九八）　日本の占領政策を遂行した

一九四四年四月『フォーチュン』日本特集号の編集に招請された客員編集者として、クロード・A・バスがいた。彼が『フォーチュン』編集部に現れるまでのキャリアを辿ってみよう。ペンシルベニア大学でPh.D.を、さらに南カリフォルニア大学で法学博士号を取得した後、パリのエコール・リーブル・シアンス・ポリテクニクで学び、アメリカ外交局から、北京大使館の一等書記官、南京領事館の副領事を務め、フィリピンの高等弁務官をしているところをマニラに侵攻して来た日本軍によってとらえられた。アジアを最もよく知る外交官の一人であった。彼は東京で収容されている間に日本語にも精通した。マイダンス夫妻の乗った同じ交換船で帰国し、『フォーチュン』のスタッフとなった。

戦後は一年間、戦時情報局のサンフランシスコ事務所長を務める傍ら、日本に関する戦略爆撃調査団の顧問を務めた。一九四六年以降は、スタンフォード大学で東南アジア、中国、アジアに対するアメリカの外交政策を研究・講義している。著作には『東アジアにおける戦争と外交』（一九四一）、『極東』（一九五五）、『東南アジアと世界』（一九五八）などがあり、終生、研究のフィールドをアジアに置いていた。

バスは一九四八年から四九年にかけて、マッカーサー司令部に招かれ、日本の占領政策における情報・教育部門にかかわった。彼は『フォーチュン』で書いた「日本の戦後処理」をGHQで現実のものにする仕事に加わったのである。

ジョン・K・ガルブレイス（一九〇八〜二〇〇六）　J・F・Kとの出会い

「日本の工業地帯は爆撃の格好な標的だ」と書いたガルブレイスの戦後はどうだったか？

ドイツが降伏した直後、彼はタイム社を休職して、政府の戦略爆撃調査団のメンバーとしてドイツを調査している。その時、彼は薬物中毒に陥っていたゲーリンクやアル中のリッペントロップというナチスの大物の尋問にも立ち合っていて、その印象を書いている。また、瓦礫の山と化したドイツの各都市で、一般市民が空襲によって受けた被害も調査している。

一九四五年秋、彼はドイツで果たしたのと同じ任務を帯びて日本を訪れている。この調査はトルーマン大統領の命令によるもので、ドイツのメンバーが引き続き調査を担当した。ガルブレイスはこの戦略爆撃調査団の「チェアマンズ・オフィス」(高級参謀)の一員であった。調査団は単に空襲の調査をしただけではなかった。彼らは「ターゲット」と呼んで、戦争責任についてヒアリングすべき日本の重要人物をリストアップしていた。近衛文麿はその最重要人物であった。近衛文麿への取調べは東京湾に停泊していた上陸作戦指揮艦アンコン号で行われ、それは質問というより尋問に近かった。調査団の目的は戦争犯罪人を摘発するということとは無関係であったが、近衛がそれを気にしていたのは確かである。尋問は近衛から始まり、木戸幸一内府、東久邇宮稔彦元首相から陸海軍の将校にまで及んだ。調査団は三局一五部に分かれ、二百人を超えるスタッフを抱え、日本全国を取材し、約二ヶ月の調査を終えて終戦の年のクリスマスにはアメリカに戻っている。一般市民の調査は広島・長崎を含む五八市町村で行われ、無作為抽出をした市民三、一三五人に、一人について二時間程のヒアリングを行った。隠しマイクで三五ミリの透明なフィルムに録音された記録は、今もアーカイブスに残されている。焼野原となった東京では、ＧＨＱの本部ビルで、原爆の落とされた広島では東警察署で、ヒアリングが行われた。四八に及ぶ質問項目は、「天皇をどう思うか」「戦後に望む政治体制は」「空襲は昼と夜とでどちらが恐ろしかったか」などで、通訳は志願して来た二〇〇人の日系二世があたった。

爆撃調査団は「日本は、我々の弱点を正確に知っていたから、攻撃を仕掛けて来た。もし、目に付くような弱点がなかったら、真珠湾攻撃は行われなかっただろう。また、アメリカが万一攻撃されたら力一杯やり返すのだという戦意を見せていたら、日本人は攻撃を仕掛けて来なかっただろう。戦争防止のためには、力を持つことを無視してはいけない。かといって軍事力だけに頼るのも良くない。軍備拡張競争は、相互不信を増すばかりだ。シビリアン・コントロールの確立が重要である。国連による安全保障を将来の方向として考えるべきである。（中略）アメリカが原爆を落とさなくても、遅くとも一九四五年末までには、日本は間違いなく降伏していただろう」という報告書を提出している。

その後、ガルブレイスはタイム社を休職し、国務省に勤務している。彼は国務省で短期間働いたが、その閉鎖的な官僚組織に馴染めず、もう一度『フォーチュン』に舞い戻って、記者稼業に就く。やがて、ハーバード大学から誘いがあり、母校の教壇へ戻ることになる。記者稼業は嫌ではなかったが、明日の保証のない生活よりは、長く研究を続けられる大学のポストに魅力を感じたと述懐している。ハーバード大学で、後に大統領となるケネディをゼミの学生として指導したことが、その後の彼の仕事の幅を拡げた。

爆撃調査団員としての滞在期間は短かったが、その時の印象が強烈で、ガルブレイスは度々日本を訪れるようになる。

一九四四年『フォーチュン』日本特集号にアーティストとして協力した三人の日系人画家はどのような戦後を送ったのだろうか?

国吉康雄(一八八九〜一九五三) 生涯アメリカ市民権を望んだ

『フォーチュン』に日本兵の残忍な行為を怒りをもって描いたヤスオ・クニヨシは、日本国籍を持ちながら日本のファシズムに対し精一杯の抵抗を続けた。

一九四五年、『フォーチュン』日本特集が出版された四月、ニューヨークで国吉の個展が開かれた。話題を呼んだのが「飛び上がろうとする頭のない馬」である。頭のない馬の鞍には国吉がアメリカに来てまもなく収入を得るために摘んだ思い出の葡萄が置かれ、OWI(戦時情報局)のために制作した「手錠をかけられた男」の背を描いたポスターがよれよれになって、馬の後ろに見え隠れしている。そして馬の後ろの男は、国吉自身か?

一九四七年に描かれた「ここは私の遊び場」は、国吉のシュールな心象風景のようだ。暗雲たれ込めた廃虚のような家並に、白地に黒の日の丸が描かれ、遠くに遊ぶ少女はあのパリで見た自由の象徴であろう。アメリカの独立記念日を表わす文字の断片も幽かに見える。戦後の国吉の画業には暗く不安な感情が付きまとっている。

一九五〇年代、暗く沈んだ色調は、突如、一変して明るい赤となる。アンニュイを漂わせた表情を持つタバコを銜えた女に代わって、マスクを着けた自画像がモチーフとなる。

1945年　国吉康雄
「飛び上がろうとする頭のない馬」
（財団法人 大原美術館）

国吉は「何故マスクを描くのか？」という質問に対し、「我々の時代の感情的な二重性を描いているのだ」と答えている。

一九五二年六月、アメリカ議会は移民帰化法を裁可する。これにより、アジア人の移民制限が取り払われ、日本人も一定の条件を

1952年　国吉康雄
『マスクを着けた自画像』
（原題「ミスターエース」
福武コレクション）

満たせば市民権を得ることができるようになった。
それを知った国吉は直ちに市民権を取る手続きを依頼した。国吉がアメリカの土を踏んでから四七年後のことである。しかし、その書類が届けられた時、彼は体調を崩しサインできる状態になかった。

一七歳でアメリカに渡り、日系人移民排斥や太平洋戦争の嵐の中で、国吉は「クニヨシ」を認めてくれたアメリカを愛していた。アメリカ国籍を取得することを最後まで望んだが、それを得られぬまま亡くなった。一九五三年五月逝去。享年六三歳。

二〇〇四年、日本の国立近代美術館で国吉康雄没後五十年の回顧展が開かれた。駐日アメリカ大使ハワード・H・ベーカー（Howard H.Baker Jr.）は、**「クニヨシが一七歳、単身でア**

メリカに渡り、その後如何に多くの事を成し遂げたことか。日米両国の混乱を極めた不幸な時代を含め、その生涯は両国を結ぶ文化の掛橋であった」と一文を寄せた。

八島太郎（一九〇八～一九九四）　日本男児として生きた

一九四四年四月号の『フォーチュン』の表紙に「日本」という文字を描いたタロー・ヤシマ。戦時中、日本兵に降伏勧告のビラを書き、対日諜報活動を行った八島太郎はどのような戦後を送ったのか？

ＯＳＳで重用された太郎は、戦後アメリカの調査団の一員として来日している。厚木に降り立った太郎は三七歳、少佐待遇で将校のコートをまとい、日本に独り残した息子マコとの再会を果たす。いくたびも投獄され、逃げるようにアメリカに渡った男が、神戸の焼野が原に進駐軍の眩しい将校姿で降り立ったのである。

戦後、太郎には画家としての運も向いて来た。一九五二年にはロサンジェルス・カウンティ美術館の展覧会で銀賞を獲得。六百ドルの賞金を手にした太郎はカリフォルニアに家族を呼び寄せる。胃潰瘍に悩まされていたが、日本から息子のマコを呼び寄せて、カリフォルニアの明るい陽光の下で親子水入らずの生活が始まった。光子との間には、娘の桃も生まれていた。「モモ」に故郷鹿児島の村を語って聞かせていた太郎は、それを絵本にすることを思い立つ。こうして娘に語り聞かせる太郎の絵本シリーズが生まれた。一連の絵本は好評で、一九五五年にはニューヨーク市立図書館の「オーサー・オブ・ザ・イヤー」を受賞している。翌年、出版された絵本『からすたろう』は、「カルデコット賞」(児童文学のアカデミー賞)候補にノミネートされ、爆発的に売れた。絵本作家としての太郎の地位は確立され、日本からも出版された。一九七九年、『からすたろう』は「絵本にっぽん大賞」を得ている。

太郎のもう一人の息子である大宅壮一賞を受賞した伊佐千尋氏は、一九八〇年三月号の雑誌『潮』に、こう書いている。

父は主義の人ではなく、もっと自由人だったのではなかろうか。ただ、画を描きたかったのだ。その邪魔をする人間と国家権力に怒りを覚え、反攻しただけのことだと思う。それが彼を運動家に仕立て上げ、思想犯の焼き印を押される結末に導いたのである。人の好さそうな父の横顔をながめながら、僕は思った。僕が好まないのと同じく、父もまた反戦画家などと呼ばれるのを嫌っていたのではないか。
伊佐千尋「密造人」──『潮』一九八〇年三月号

太郎はアメリカ市民権を求めようとしなかった。国吉が生涯追い求めたアメリカ市民権は、太郎には意味のない紙切れであった。彼の言葉に「朱筆わすれがたく、市民権を持たず」とある。彼は最後まで日本男児「八島太郎」でいたかった。

ミネ・オオクボ（一九一二〜二〇〇一）「いつかまた同じことが起きる」

日系人の収容所のスケッチを描いたミネ・オオクボは、一九四六年に自らの体験に基づいた二〇〇枚を超す絵入りの単行本『市民13660』を出版した。『フォーチュン』に掲載されたスケッチもその中に含まれている。

私は、収容所生活の馬鹿げた、狂気の、あるいはユーモラスな光景を思い起こす。私はアメリカ市民であった。たかだか一マイル四方しかない土地に一万人を超す人々を押し込めた収容所で、狂ったことが起きていた。根も葉もない流言蜚語がキャンプ内に横行し、人々はあてどもない白日夢を空しく追い続けていた。

ミネ・オオクボ『市民13660』

戦後、彼女はニューヨークでイラストレーターや画家として活躍する。そして八〇年にはアメリカ連邦議会が設置した戦時民間人転住抑留調査委員会（CWRIC）で、抑留体験者として証言を行っている。彼女がニューヨーク市の公聴会に出席した時、「何故、あなたはもっと厳しく糾弾しないのか?」という質問に対して、ミネ・オオクボは「いつかまた同じようなことが起きる。その可能性がある」と答えている。

日系二世の戦後

第二次世界大戦に従軍した二世の中で、日本語に堪能な者は太平洋戦線に派遣され、情報収集と諜報活動にあたった。一九四三年に編成された日系二世部隊(第一〇〇歩兵大隊と第四四二歩兵連隊)はヨーロッパの最前線に送られ、激しい戦闘で死傷者を出しつつも、全滅の危機に瀕したテキサス大隊二一一名を救出した。第二次世界大戦における日系二世の従軍者一万六千人、戦死者七百人。戦傷者九千五百人には、戦後、名誉戦傷勲章が贈られた。トルーマン大統領は彼らの代表に対し「君たちは敵と戦っただけでなく、差別とも戦った。そして勝利したのだ」と述べた。二世たちは強制収容所から、あるいは強制収容の行われなかったハワイから出征して果敢に戦い、アメリカへの忠誠とアメリカ市民としての証を示したのである。

戦後、一九四八年に全米日系市民協会の努力により、強制立退き損害賠償法が成立、それは十分とはいえない内容ではあったが、強制立退きの違法性が明らかにされた。一九五二年、ウオルター=マッカラン法で、一世の帰化が可能となり、外国人土地法も撤廃の方向へ向かった。

一九七二年二月、フォード大統領がアメリカ建国二百年を記念して、「第二次大戦中の日系人の強制収容は誤りだった。二度と繰り返してはならない」とする約定「アメリカン・プロミス」に署名した。

一九八〇年七月にはカーター大統領が「アメリカ市民の戦時移住および強制収容に関する委員会」を設置する法律に署名。同委員会は第二次大戦中、日系アメリカ人が受けた不当な取扱いの被害の詳細を調査するため、八一年七月以降に一〇回にわたる公聴会を開催し、七五〇人以上の証言を聴聞した。一九八三年六月、同委員会は四六七頁から成る報告書を提出し、大戦中の不当な処遇の被害者で、生存している約六万人に対し、一人二万ドルの補償金を支払い、国として謝罪すべしとアメリカ議会に勧告した。一九八八年八月、レーガン大統領が日系アメリカ人補償法に署名し、ブッシュが大統領になった一九九〇年九月、やっと同法に基づく補償金の交付が始まる。

強制収容の不当性を調査する委員会が発足してから賠償金支給に至るまで、さらに一〇年の歳月を要した。半世紀前の出来事に多額の賠償金を支払うのはおかしいとする議会の反発が根強かったからである。

強制収容から半世紀後、ソーンバーク司法長官は日系人の最高齢者百七歳のエトウ・マモル牧師ほか九名の代表者に対し、ブッシュ四一代大統領の謝罪の手紙「いかなる金額、言葉をもってしても、失われた歳月を取り戻すことはできないが、今、過去の過ちをあらためて謝罪する」とを添えて一人二万ドルの小切手を賠償として支払った。日系人にとって金額の多寡ではなかった。問題はアメリカ政府が過去の過ちを認め、日系人の名誉が回復されたことであった。それにはフォード大統領がアメリカン・プロミスにサインしてから三〇年、あの強制収容からは五〇年という歳月を要したのである。

アーチボルド・マクリーシュ（一八九二〜一九八二）　時代と戦い続けた作家

一九三六年九月号の日本特集号の取材に特派員として来日したマクリーシュは、一九三八年『フォーチュン』を離れ、大統領に請われて連邦議会図書館長に就任した。

ディーン・アチソン（Dean Acheson　後の国務長官、当時国務次官補）の回顧録によれば、真珠湾攻撃の日、彼と連れ立って、ワシントン郊外の森でピクニック・ランチを楽しんでいたとある。

連邦議会図書館長の仕事の傍ら、マクリーシュは大統領の演説草稿を作成し、ＯＷＩ（戦時情報局）の局次長として、情報の収集、分析にあたっている。一九四四年、図書館長を辞任したマクリーシュをローズヴェルトは国務次官補（文化・広報担当）に任命し、大統領側近としての役割を負わせた。戦時情報局や国務省で、マクリーシュは敵国日本の地を踏んだ数少ない経験者であった。

国務長官ジェームズ・バーンズとその国務次官補を務めたアチソンとマクリーシュは、占領後の日本に対する強硬な姿勢を崩さなかったことは注目に値する。

一九七七年一月、マッカーサーの通訳兼副官のフォービアン・バワーズはCBS東京支局長のインタビューに「マッカーサーが行った驚嘆すべきことの一つは、天皇制を保持したということである。彼は天皇を保持するなら、日本人はすべて彼のために行動するであろうこと、そして彼が栄誉を手にするであろうことを知っていた。天皇制を保持するにあたり、彼は多くの反対にあった。天皇を絞首刑にしたがった人は大勢いた。英国人、ロシア人、そしてワシントンでは、アーチボルド・マクリーシュとディーン・アチソンが天皇を絞首刑にしたがっていた。それに対してマッカーサーは頑強にNOと言った」と述べている。バワーズの証言によれば、マクリーシュは天皇を絞首刑にすることを望んでいたことになる。

終戦間近、天皇制の存廃を巡ってアメリカ政府も分裂していた。統合参謀本部は「純粋に軍事的立場から、戦いが終結する以前に天皇の除去を示唆するようなことをしてはならない」という主張を繰り返し、バーンズ国務長官はそれを踏まえて「天皇は必要とされるだろう」という曖昧な表現を繰り返した。

バーンズ国務長官は、マッカーサーの占領政策の監視役としてジョージ・アチソン（George Acheson）を政治顧問として派遣した。アチソンは国務省の中で中国通で、反日派であった。四五年一〇月、G・アチソンはトルーマン大統領に対して、「天皇を処刑するのは一つの選択肢である」とも打電している。

GHQの中では、E・H・ノーマン（Egerton Herbert Norman）というハーバード大学出のカナダの外交官が天皇制を否定しようと画策していた。彼は日本で宣教師の子として生まれ、日本の近・現代史を専門にしていた学者で、『近代国家としての日本の登場』という著作を上梓している。都留重人などと親しく交わり、彼の意見は数少ない専門家としてGHQでも尊重された。ノーマンは府中刑務所に出向き、渋る日本の内務省を尻目に、日本共産党の宮本顕治ほか政治犯一六人を釈放している。彼の主張は明治維新は封建的残滓を払拭しきれず、天皇制と華族制度はその最たるものであり、これを取り除いて、初めて日本は社会主義革命に進むことができるというものであった。

ノーマンはその後、マッカーシー上院議員の赤狩り旋風がカナダまで及ぶに至り、共産党員であることを追及され勤務先の在エジプト大使在任中に自殺している。

国務次官補のマクリーシュとアチソンは、広島に原爆が投下された直後の八月八日、トルーマン大統領に揃って辞表を提出し、受理されている。その後、マクリーシュはユネスコ創設の準備に入り、アチソンは国務次官としてバーンズを補佐し、後に国務長官を務めた。

一九四五年一一月、ロンドンで開かれたユネスコ設立会議に、マクリーシュはアメリカ代表として出席した。開催国を代表して演説を行ったのはイギリスのアトリー首相であるが、草稿はマクリーシュが書いている。

ユネスコ憲章前文の冒頭の言葉「**戦争は人の心の中で生まれるものであるから、人の心の中に平和の砦を築かなければならない**」は、マクリーシュの草稿そのままである。出典は新約聖書「ヤコブの手紙」第四章の「戦いや争いの原因は人の内部で争い合う欲望である」であり、演説はさらに「**相互の風習と生活を知らないために、人類の歴史を通じて、世界の人々のあいだには疑惑と不信が起こり、それがしばしば戦争の原因となった**」と続く。このユネスコ憲章の前文にマクリーシュの思いが込められている。総会では原爆投下の悲劇を教訓に「科学」が平和のために使われねばならないこと、ユネスコ憲章には「科学」も扱うことが盛り込まれた。

行政から離れた後、マクリーシュは一九四九年から一九六二年までハーバード大学の教授を務める傍ら、多くの詩作や戯曲を執筆しており、一九五三年にはアカデミーの院長に選ばれ、マッカーシズムと対決する。マクリーシュはファシズムとの戦いに縁が切れることがなかった。五三年には四五年間に及ぶ詩の集大成に対してピュリツァー賞が、五八年には戯曲『J・B』で、ドラマ部門のピュリツァー賞が贈られている。一九六六年にはドキュメンタリー「エレノア・ローズヴェルト」にアカデミー賞が贈られている。

一九八二年、ボストンで九〇歳の生涯を閉じた。彼は自らを「時代と常に戦い続けた作家」と書いている。彼の詩の一節に次のようにある。

悲しみの歴史のすべてに　　——For all the history of grief
誰もいない戸口と一枚の楓の葉　　——An empty door way and a maple leaf

アーチボルド・マクリーシュ『アルス・ポエティカ』（野田研一訳）より

二〇〇一年、ミネ・オオクボ。〇四年、カール・マイダンス。〇五年、ピーター・F・ドラッカー。〇六年、ジョン・K・ガルブレイス。

この取材をしている最中にも『フォーチュン』にたずさわった多くのジャーナリストが逝った。……もう誰もいない。

あとがき

二〇〇五年四月、中国に反日運動の嵐が吹いた。天安門広場では日の丸が燃やされ、上海領事館は投石され、日本製品の不買運動が拡がった。日本のテレビは、暴徒と化した「遊行」（中国語でデモ）と投石を制止せず笑いながら見守る公安部の映像を流した。その週、世界のメディアは一斉に日中関係を報じた。

日本は第二次大戦中の残虐な行為に中途半端な謝罪しかしてこなかった。和解には被害者の許しが必要だ。欧州の人々がドイツの過去を許したようには、中国人は日本人を許せないようだ。長期間、中国共産党は日本の戦争犯罪を体験していない若い人々に対して、反日感情を植え付けてきた。中国の歴史教科書は日本の過去の残虐行為と再軍備の脅威にばかり焦点をあててきた。中国は共産党体制を正当化する根拠を社会主義イデオロギーからナショナリズムに乗り換えたようだ。事態の鎮静化に向け日本は過去を正直に認め、無条件に謝罪すべきだ。中国も和解の手を差し伸べる用意が必要だ。

『フィナンシャル・タイムズ（アジア版）』

世界の各国とも、多かれ少なかれ、歴史上の負の遺産は持っている。しかし、問題はそれを忘却の彼方に葬り去るのか、事実として認識して記録に残すかである。

一九八五年五月八日、ヴァイツゼッカー大統領が敗戦四〇周年にあたって、ドイツ連邦議会において行った演説がある。この日は四〇年前にドイツが降伏した日である。死亡したドイツ人七二〇万人、ナチスに殺されたユダヤ人は四〇〇万から六〇〇〇万人ともいわれる。『荒れ野の四十年』（岩波ブックレットNO.55）と題されるこの演説は、自らの国の犯した過ちを率直に認め、謝罪して大きな感動を呼んだ。「荒れ野の四十年」とは、イスラエルの民が、約束の地に入って新しい歴史の段階を迎えるまでの四〇年間、荒れ野に留まっていなければならなかったことと、ドイツの戦後四〇年という歳月をオーバーラップさせたタイトルである。ヴァイツゼッカー大統領は若い人々にこう呼び掛けている。

他の人々に対する敵意や憎悪に駆り立てられることのないようにしていただきたい。ロシア人やアメリカ人、ユダヤ人やトルコ人、黒人や白人、これらの人たちに対する敵意や憎悪に駆り立てられることのないようにしていただきたい。若い人たちは、たがいに敵対するのではなく、たがいに手をとり合って生きていくことを学んでいただきたい。民主的に選ばれたわれわれ政治家にもこのことを肝に銘じさせてくれる諸君であってほしい。そして範を示してほしい。今日五月八日にさいし、能うかぎり真実を直視しようではありませんか。

リヒャルト・P・ヴァイツゼッカー『荒れ野の四十年』

この小論は雑誌『フォーチュン』が、戦時中どのように敵国日本をレポートしたかを追ったものである。「嫌われた日本」は戦時だけの問題ではない。これからも、継続して日本人が背負わなければならない負の遺産なのである。この小論がその歴史認識の一助に寄与できれば幸いである。

最後に、この書の刊行にあたって創成社出版部の塚田尚寛氏にお礼を申し上げたい。彼の協力なしにはこの出版は難しかったであろう。

引用・参照文献

伊佐千尋「密造人（ムーンチャイナ）」『潮』一九八〇年三月号　潮出版社
石丸藤太『一九三六年』一九三三年　春秋社
リヒャルト・F・ヴァイツゼッカー『荒れ野の四十年』永井清彦訳　一九八五年　岩波書店
宇佐美承『さよなら日本 絵本作家・八島太郎と光子の亡命』一九八一年　晶文社
ジョン・F・エンブリー「日本の村須恵村」植村元覚訳『日本民俗文化資料集成』第二巻　一九九一年　三一書房
ミネ・オオクボ『市民 13660 号』前山隆訳　一九八四年　お茶の水書房
片岡鉄哉『さらば吉田茂─虚構なき戦後政治史』一九九二年　文藝春秋社
ジョン・K・ガルブレイス「私の履歴書」『日本経済新聞』二〇〇四年一月　日本経済新聞社
川蔦一穂「ヤスオ・クニヨシの時代と芸術」『大阪芸術大学短期大学部紀要』第二五号　二〇〇一年　大阪芸術大学

ハリー・H・L・キタノ『アメリカのなかの日本人』内崎以佐味訳　一九七四年　東洋経済新報社
木村栄文『記者たちの日米戦争』一九九一年　角川書店
マイケル・S・スウィーニィ『米国のメディアと戦時検閲』土屋礼子・松永寛明訳　二〇〇四年　法政大学出版局
里見脩「同盟通信社の戦時報道体制―通信社と国家」『マス・コミュニケーション研究66』二〇〇五年　日本マス・コミュニケーション学会
『世界』創刊号　一九四六年一月　岩波書店
髙島秀之「嫌われた日本～戦時ジャーナリズムの検証～雑誌『FORTUNE』日本特集号の分析」第一部、第二部『情報研究』三二号、三三号　二〇〇五年一月、七月　文教大学情報学部
竹沢泰子『日系アメリカ人のエスニシティ―強制収容と補償運動による変遷』一九九四年　東京大学出版会
寺島実郎『ふたつの「FORTUNE」』一九九三年　ダイヤモンド社
東京国立近代美術館編『国吉康雄展カタログ』二〇〇四年　東京国立近代美術館
ピーター・F・ドラッカー『断絶の時代』林裕二郎訳　一九六九年　ダイヤモンド社
ピーター・F・ドラッカー『傍観者の時代』風間禎三郎訳　一九七九年　ダイヤモンド社
ピーター・F・ドラッカー「私の履歴書」『日本経済新聞』二〇〇五年二月　日本経済新聞社
デイヴィッド・ナソー『新聞王ウィリアム・ランドルフ・ハーストの生涯』井上廣美訳　二〇〇二年　日経

BP社
ヒュー・バイアス『敵国日本―アメリカは日本をどう見たか?』内山秀夫・増田修代訳 二〇〇一年 刀水書房
デイヴィッド・ハルバースタム『メディアの権力』筑紫哲也他訳 一九八三年 サイマル出版
モニカ・ブラウ『検閲 1945-1949―禁じられた原爆報道』立花誠逸訳 一九八八年 時事通信社
フォーチュン『フォーチュン版「大日本帝国」の研究』熊沢安定訳 一九八三年 現代史研究会
藤田宏郎「アメリカ国務省の対日戦後計画―天皇制に関する初期の調査・検討―」『甲南法学'90』一九九〇年 甲南大学法学会
ルース・ベネディクト『菊と刀』長谷川松治訳 一九四九年 社会思想社
細川護貞『細川日記』一九七八年 中央公論社
本間長世『移りゆくアメリカ 現代日米関係考』一九九一年 筑摩書房
前坂俊之「太平洋戦争下の新聞メディア」『マス・コミュニケーション研究66』二〇〇五年 日本マス・コミュニケーション学会
アーチボルド・マクリーシュ「アルス・ポエティカ」野田研一訳『たのしく読める英米詩』一九九六年 ミネルヴァ書房
水野剛也「日系アメリカ人仮収容所における新聞検閲」『マス・コミュニケーション研究61』二〇〇二年

日本マス・コミュニケーション学会
ジョン・G・モリス『20世紀の瞬間—報道写真家—時代の目撃者たち』柴田都志子訳　一九九九年　光文社
三輪隆「アメリカ国務省における戦後天皇制構想」『歴史学研究』一九六九年三月　青木書店
山口泰二『アメリカ美術と国吉康雄』二〇〇四年　日本放送出版協会

"FORTUNE". New York: Time Inc.
September, 1936., March, 1942., April, 1944., September, 1945.
Editors of FORTUNE. "JAPAN". New York: Time Inc. Overseas Editions. December, 1944.
"LIFE ". New York: Time Inc.
November 23, 1936., August 28, 1937., December 6, 1937., October 28, 1940., February 17, 1942., February 19, 1944.
"TIME ". New York: Time Inc.
November 3, 1941., December 22, 1942., March 2, 1942., August 3, 1942., February 15, 1943., November 8, 1943., July 3, 1944., December 22, 1941., May 21, 1945., August 20, 1945.
"The Christian Science Monitor". Boston. August 15, 16, 1945.

"The Daily Mirror". London. August 6, 1945.

"The Los Angels Times". Los Angeles. August 15, 16, 1945.

"Saint Louis Dispatch". Saint Louis. August 15, 1945.

"The San Francisco Chronicle". San Francisco. August 16, 1945.

"The Washington Daily News". Washington. August 6, 1945.

Dean Acheson. "Present at the creation: my years in the state department". New York: w.w.Norton & Company Inc, 1969.

Ruth Benedict. "The chrysanthemum and the sword : patterns of Japanese culture". Boston : Houghton Mufflin, The Riverside Press Cambridge. 1946.

Herbert P. Bix. "Hirohito and the making of modern Japan". New York: Harper Collins Publishers, 2000.

Monica Braw. "The atomic bomb suppressed – American censorship in Japan 1945-1949". Stockholm: Liber Forlag, 1986.

Hugh Byas. "The Japanese enemy – his power and his vulnerability". New York: Alfred & Knoph, 1942.

Hugh Byas. "The Japanese problem". The Yale Review, vol.xx. New Haven: Yale University, 1943.

Roger Daniels (selected & edited). "American concentration camps : a documentary history of the relocation and incarceration of Japanese Americans, 1942-1945". New York: Garland Publishing, 1989.

Roger Daniels, Sandra C. Taylor, and Harry H.L. Kitano (edited). "Japanese Americans; from relocation to redress". Utah: University of Utah Press, 1986.

Scott Donaldson. "Archibald MacLeish - an American life". Boston: Houghton Muffin, 1992. 2001.

Robert T. Elson. "Time Inc. – the intimate history of a publishing enterprise". vol.1. "1923-1941". edited by Duncan Norton-Taylor. New York: Atheneum, 1968.

Signi Lenea Falk. "Archibald MacLeish". New York: Twayne Publishers, 1965.

Mine Okubo. "Citizen 13660". Seattle : University of Washington Press. 1983. (Originally published: New York: Columbia University Press, 1946.)

Grover Smith. "Archibald MacLeish". Mineapolis: University of Minnesota Press, 1971.

W.A. Swanberg. "Luce and his empire". New York: Charles Scribner's Sons, 1972.

Michael S. Sweeney. "Secrets of victory : the office of censorship and the American press and radio in World War II". North Carolina: University of North Carolina Press, 2003.

髙島秀之（たかしまひでゆき）

1960年　東大文学部卒業　NHK入局、ディレクター、プロデューサーなどを経て、1996年　茨城大学人文学部教授　メディア教育開発センター教授（併任）、東京大学教育学部講師（兼任）、1999年　文教大学情報学部教授、2005年　同大学院教授（兼任）

主な映像作品　『NHK特集』などドキュメンタリー、『教養特集』、『市民大学講座』『中学生日記』など教育・教養番組多数

主な著作　『教育とデジタル革命』、『IT教育を問う』（いずれも有斐閣）、『デジタル映像論』（創成社）など

（検印省略）

2006年8月15日　初版発行　　略称－嫌われた

嫌われた日本
戦時ジャーナリズムの検証

著　者　髙島秀之
発行者　塚田慶次

発行所　東京都豊島区池袋3－14－4　株式会社　創成社
電　話 03（3971）6552　FAX 03（3971）6919
出版部 03（5275）9990　振　替 00150-9-191261
http://www.books-sosei.com

定価はカバーに表示してあります。

SBN4-7944-5011-7　C3234
Printed in Japan

組版：トミ・アート　印刷：平河工業社
製本：宮製本所
落丁・乱丁本はお取り替えいたします。

創成社新書

創成社刊